1.重庆市教委科学技术研究计划项目:儿童体育锻炼习惯形成影响因素
与作用机制研究(项目编号:KJQN202302906)研究成果
2.重庆儿童师范高等专科学校科研平台:"川渝体育文化研究中心"资助
项目:(项目编号:2023KYPT—03)

儿童体育锻炼习惯形成影响因素与作用机制研究

黄山鹰　叶　琼　李胜领　著

九州出版社
JIUZHOUPRESS

图书在版编目(CIP)数据

儿童体育锻炼习惯形成影响因素与作用机制研究 /
黄山鹰,叶琼,李胜领著. -- 北京 :九州出版社,
2025.2.--ISBN 978-7-5225-3706-1

Ⅰ.G806

中国国家版本馆 CIP 数据核字第 2025UH1902 号

儿童体育锻炼习惯形成影响因素与作用机制研究

作　　者	黄山鹰　叶　琼　李胜领　著
责任编辑	杨鑫垚
出版发行	九州出版社
地　　址	北京市西城区阜外大街甲 35 号(100037)
发行电话	(010)68992190/3/5/6
网　　址	www.jiuzhoupress.com
电子信箱	jiuzhou@jiuzhoupress.com
印　　厂	北京星阳艺彩印刷技术有限公司
开　　本	787 毫米×1092 毫米　16 开
印　　张	9.75
字　　数	134 千字
版　　次	2025 年 5 月第 1 版
印　　次	2025 年 5 月第 1 次印刷
书　　号	ISBN 978-7-5225-3706-1
定　　价	68.00 元

前　言

　　儿童时期是人生发展的一个重要阶段,这一时期的体育锻炼习惯对个体的健康成长具有重要意义。然而,现实生活中,由于各种原因,如学业压力、家庭环境等,导致许多儿童体育锻炼习惯的缺失。因此,研究儿童体育锻炼习惯的形成影响因素与作用机制,对于提高儿童的身体素质,培养其良好的体育锻炼习惯,具有重要的理论和实践意义。

　　儿童体育锻炼习惯的形成对个体的健康成长具有重要意义。首先,体育锻炼能够提高儿童的体质,增强其抵抗力,预防各种疾病。其次,体育锻炼能够促进儿童的生长发育,提高其身体各部分的协调性和灵活性。最后,体育锻炼能够培养儿童的团队合作精神和竞技精神,提高其社会适应能力。

　　因此,我们应该重视儿童体育锻炼习惯的形成,采取有效措施,培养儿童良好的体育锻炼习惯。这需要家庭、学校、社会共同努力,为儿童提供一个良好的体育锻炼环境,激发其对体育锻炼的兴趣,使其在体育锻炼中得到快乐,从而形成持久的体育锻炼习惯。同时,我们还应该对儿童体育锻炼习惯的形成进行深入研究,找出影响其形成的因素,制定相应的干预措施,以促进儿童健康成长。

　　本书结合现在社会、学校、家庭和儿童自身普遍存在的现象,通过对儿童学生体育锻炼的形成机制和影响因素进行细致分析，提出促进学生体育锻炼习惯形成的具体方法。期待家庭、学校以及社会共同努力，使儿童养成伴随一生的体育习惯，从而为国民素质的提升奠定坚实的身体基础。

目　录

1 绪 论

1.1 研究背景

1.1.1 儿童青少年体质差

随着人民生活水平的不断提高,近视的发生率也越来越高。目前我国儿童中近视人数占到了世界总数的三分之一以上,且呈快速发展态势,例如在 2020 年,全国少儿的视力不良检出率达到 67.4％,其中轻度、中度和重度视力不良检出率分别为 17.2％、12.4％和 37.8％。同时由于各种原因导致儿童肥胖现象较为普遍。除此之外,我国各级教育总体超重和肥胖比例逐年上升,全国近四分之一的少儿超重和肥胖,以中小学为例,肥胖比例从五年前的 2016 年不到 10％上升到 2020 年已超过 10％。

专家认为,在儿童青少年的成长和发育的过程中,积极的运动对于少儿的健康发展起着重要的促进作用。多做运动可以促进少儿体内营养物质的吸收,促进血液循环,从而促进骨骼的生长发育,更有利于少儿的生长发育。除了身体的变化,体育锻炼也有助于儿童和青少年的心理健康。因为体育锻炼不仅可以锻炼人的体质,而且可以锻炼人的集体意识和意志品质,让他们更加健康地生活与学习。另外,体育锻炼也是一种有效的可以缓解紧张情绪、减轻心理压力的心理治疗方式。调查显示,不参加体育锻炼的或者体育锻炼较少的少儿心理健康水平往往低于经常参加体育锻炼的少儿,患上抑郁、焦虑和自闭等心理疾病的可能性更大。因此,迫切需要促进儿童和青少年的体育锻炼。

1.1.2 "双减"政策实施

《关于进一步减轻义务教育阶段学生作业负担和校外培训负担的意见》是由中共中央办公厅、国务院办公厅发布,教育部党组把"双减"作为"一号工程",以缓解义务教育阶段学生的学习压力。《意见》提出"开展适当体育锻炼"备受关注,"双减"政策落地后,少儿休息日、寒暑假、法定节假日将有充足的自由活动时间,甚至学校布置有限的优质家庭作业,也给少儿在周一至周五留了不少时间。体育特长生、体育课作业、儿童每天 2小时体育活动时间等都体现了国家对体育教育工作的重视。这项政策的实施也有利于体育教育的发展。体育与健康课程以核心素养为指导,注重培养适应变化发展、具有关键能力和必备品德的人才。"双减"政策使这一目标更具有可实施性,有利于将体育课堂转化为增强体育技战术实践能力、走向真正意义上的终身体育的指导场。

1.1.3 体育舞蹈项目的普及

随着体育艺术的推广与普及以及一些政策的出台,美育行业的时代即将到来,父母们也开始转变教育观念,不再一味地"唯分数论",而是更注重素质教育。从横向发展的角度去挖掘兴趣与天赋,用艺术促进少儿身心的健康成长,培养审美观,开拓艺术视野。体育舞蹈已逐渐成了大众休闲、娱乐的主要形式,许多人乐于通过亲身体验参与其中并进行运动。随着人们对体育舞蹈越来越感兴趣,参与体育舞蹈的人数也越来越多。

体育舞蹈包括拉丁舞和摩登舞,即通常说的"国标"。它于 20 世纪30 年代传入中国,90 年代引入竞技性舞蹈,在中国已经有三四十年的发展历史。体育舞蹈在 2010 年首次成为广州亚运会的正式比赛项目,并且不断被纳入国际体育赛事,加快了其发展和传播,并且使得体育舞蹈得到更多的公众认可。近年来,体育舞蹈已被纳入越来越多的比赛中,并且还申请成为奥运会的正式比赛项目,教育政策对艺术体育发展起到了积极的促进作用。

　　体育舞蹈作为一项竞技性运动,越来越多的大学开设了体育舞蹈的专业,使其成为学位课程和艺术考试的热门选择。因为体育舞蹈是一种可以让所有人都参与其中的一项运动项目,它可以连接不同的行业,如教育行业和表演行业,并且可以通过将这些行业连接起来使其迅速发展。所以,体育舞蹈作为一种精神必需品,它已成为人们生活中一种日常的消费,同时也是拉动经济和扩大内需的主要力量。体育舞蹈是当今体育行业迅速发展的重要力量。为了培养出高素质的体育舞蹈人才,满足社会对体育舞蹈人才的需求,我国各大高校已相继开设了体育舞蹈专业,招收从高中毕业的艺考生进入大学进修,这为许多考生提供了通过艺术考试进入大学的新机会。

　　同时,体育舞蹈自传入中国以来,经过多年的发展,已经有了自己的鲜明的特点。一方面,由于中国特殊的社会状况和传统的思维方式,参加体育舞蹈的男生人数远远少于女生,父母更多愿意让男少儿们参加跆拳道等高难度的竞技运动。另一方面,女孩往往对舞蹈等艺术有天然的兴趣,因此,她们的参与程度也比较高。这就造成了男女人数比例在参加体育舞蹈课程中的严重不平衡,形成了男多女少的局面,这也使教学工作更加困难。因此,具有我国特色的女子双人组、女子六人组等比赛项目的作用就此体现出来。这种比赛项目很好地解决了目前所面临的教师教学、业余培训机构招生以及父母希望少儿进行体育舞蹈学习的难题。同时,通过开展女子双人组、女子六人组等比赛项目使更多喜爱体育舞蹈的儿童摆脱了传统观念的桎梏,培养自己的艺术兴趣的同时塑造自己的道德品质,提升自己的气质,这是一个一举多得的好办法,所以把体育舞蹈作为培养少儿体育锻炼行为习惯的一种方式是非常合适的。

1.2　研究目的与意义

1.2.1 研究目的

(1)通过质性研究能较好地探讨学生体育锻炼行为影响因素的分类;

(2)编制《学生体育锻炼行为调查问卷》,开展学生体育锻炼行为差异比较研究;

(3)通过回归分析,得出学生体育锻炼行为的主要影响因素。

1.2.2 研究意义

1.2.2.1 理论意义

(1)揭示学校、家庭、社区、个体、政策等因素对学生体育锻炼行为的影响;

(2)丰富、完善我国体育锻炼行为研究成果;

(3)促进锻炼行为理论的发展。

1.2.2.2 实践意义

(1)研究成果可上升为理论,指导学校、家长等体育教育实践,有效促进学生参与体育锻炼;

(2)研究成果可直接反馈于学校,在阳光体育活动上可得到有效落实,"每天锻炼一小时"政策可应用于实践中;

(3)研究成果可转化为提案、意见,为政府制定"促进学生锻炼,改善体质健康"相关政策和制度提供科学依据。

1.3　研究方法

以不同学段学生为调查对象,其体育锻炼行为影响因素为研究对象,探究其影响因素,进一步研究学生体育锻炼行为的变化,并通过回归分析提出各影响因素。

1.3.1 文献资料法

根据选题目的,收集关于学生体育锻炼行为环境影响因素的相关资料。在中国知网(CNKI)、百度学术、万方等数据库以"体育锻炼行为""体育活动""身体活动""影响因素"为主题词检索文献共374篇,硕博论文

102 篇;以"体育锻炼行为""体育活动""身体活动""环境"为主题词,搜索相关与主题词密切相关的核心期刊文献共 17 篇,硕博论文 1 篇。在 Web of Science TM 数据库,以"exercise behavior""physical exercise""sports exercise"为关键词,通过对检索到的文献进行筛选后,找到与主题词相关联的文献有 90 篇左右。除此之外,研读与体育锻炼行为和质性研究的相关书籍,对检索到的国内外文献和相关书籍进行整理分类,并仔细阅读,为后续研究的顺利开展做准备。

1.3.2 访谈法

通过制定访谈提纲,针对学生在性别、学习成绩、所在学校城乡地域等差异,确定访谈对象。每次访谈时间在 20～40min 左右,在征得被访者同意后录音。采用科大讯飞录音笔 SR701 进行录音和转录为文本资料。

1.3.2.1 访谈对象与形式

受访对象的选取遵循目的抽样的原则[①],即在选择样本时根据研究问题和目的决定抽样的标准,样本的选取决定了充足信息量获取的关键性。在确定访谈对象时,考虑了学生在学段、性别、居住地区、对体育的喜爱程度及对研究内容和访谈问题的认识、理解、语言表达等方面的差异,保障编码维度的自然性,根据编码结果的指向,从而确定下一位受访者的原则基础上和理论饱和的原则下,保证访谈差异的最大化、受访者信息载量的最大化、方便选样的原则。采用焦点小组访谈的形式进行。

1.3.2.2 访谈提纲

访谈采用半结构式的方法,先预约受访对象进行预访谈,了解访谈问题的适切度,针对预访谈过程中遇到的现实问题及提纲回答情况反馈修改访谈提纲,从而正式明确访谈的程序及访谈前中后需要注意的问题,充分掌握访谈技巧与方法,确定访谈提纲(见表 1-1)。访谈内容主要针对受访者的基本信息和学校环境因素对学生体育锻炼行为的影响因素两

---

①陈向明,质的研究方法与社会科学研究[M].北京:教育科学出版社,2000.

部分。

表 1-1　访谈提纲

访谈主题	访谈提纲的部分内容
受访者的基本信息	受访者的姓名、性别、年龄、年级、家庭成员、体育活动的兴趣及课内外体育活动量
学生体育锻炼行为的影响因素	1.你的体育锻炼频率是多少? 2.你的体育锻炼行为受到哪些影响因素的影响?表现在家庭、学校、社区、个人等方面。 3.在学校环境因素中,你认为什么因素会决定你是否参与体育项目活动中? 4.在这些因素中,哪项因素是在你进行体育活动前会首先考虑的因素?次之又是什么? 5.你认为你所在的这所学校在哪些方面需要完善,会促进学生积极参与体育锻炼中?

1.3.2.3 访谈实施

在预约受访对象或正式开始访谈前,向受访对象如实说明研究的目的与内容、访谈内容的保密性及录音的需求,根据提前编好的访谈提纲,在获得学生的许可后开始访谈,在访谈过程中通过适当的提问且追问,保证受访者的可接受范围,让学生充分表达自己的想法,用他们自己的言语发表自己的观点,尽量能够获取与研究主题相近的资料。结合访谈情境可适当地进行引导和追问,根据受访者的体育活动情况和时间的选择,访谈采取了线上和线下两种形式,部分访谈只能通过线上方式进行,由于访谈形式的问题,在访谈过程中无法观察到访谈者的情绪及面部表情的变化,但根据学生言语表达的速度与情绪的变化,分析其情感的变化,并做好相应记录。可以进行面访的学生要关注学生的各种变化并进行记录,以备分析这些情绪和行为表达隐含的意思。在访谈结束后,留下受访者的联系方式,以备后期核实及补充资料。每次访谈均有两人参与,包括一名主访者和一名协助者。主访者承担发问的责任,协助者负责记录和负责工作,这样可以保证访谈的顺利进行以及在访谈结束后对访谈资料准确性的核实工作。

1.3.2.4 资料转录

在每次访谈结束后,将访谈录音文件和笔记一字不落地转录为Word文本文件,包括被访者的言语表达及行为表现,而且还要把他们的情绪反应、表情、动作以及在表达过程中隐含的非言语行为等进行准确标记,并与学生进行校对,纠正表达不准确的内容,保证转录内容的信度。最后,利用NVivo12.0软件,对转录后的访谈文本资料进行逐级编码。

1.3.2.5 描述性质研究

(1)资料来源

文本资料主要来源于对不同学段进行访谈收集的访谈资料,将其转录为文本资料。

(2)研究程序

研究采用NVivo12.0质性分析软件对文本资料进行编码,该软件是质性研究工具的一种,在管理学、社会学、心理学、体育学等领域中应用普遍,而且也已经成为循证医学综合证据链中不可缺少的重要研究工具[1]。在对学生体育锻炼行为影响因素的研究中,该方法提出影响学生体育锻炼行为的因素包括学校因素、社区因素、家庭因素、个人条件和政策因素五方面。在整个研究中,该方法为编制《学生体育锻炼行为调查问卷》提供编制题项的维度,保证题项的可实现性。在编码过程中要遵守三个原则,即最大限度地保持资料原本蕴含的意义、将原始访谈资料中关于口语化的内容转化为言简意赅的书面化语句、获得的语句内涵尽量保持相对独立,按照扎根理论的程序进行三级编码包括三个层次:开放式编码、主轴式编码和选择式编码[2][3]。开放式编码是指两位及以上的分析者对受

---

①Alicia O,Cathain.定性研究在随机对照试验中的应用指南[M].褚红玲,李楠,曾琳译.北京:北京大学医学出版社,2019.

②宋洲洋,石岩.中老年人体育锻炼风险认知的实证研究[J].体育科学,2010(5):25-32+48.

③张磊,孙友平.基于Nvivo质性分析的《国家学生体质健康标准》[J].体育学科,2017,27(4):94-101.

访者的原始材料进行通读来提取重要信息,对资料进行解读、分析和提取。开放式编码包括三个步骤:一是贴标签;二是对资料进行概念化,发现类属;三是进一步分析和发现类属的属性和维度。如果分析者意见统一可进行下一步操作,如果存在异议,那么再加入第三者进行讨论以得出结果。

(3)理论饱和度检验

使用前期研究预留的访谈资料进行对理论饱和的验证。具体操作步骤有:对预留的访谈文本资料重新进行开放式编码,观察在编码过程中是否有新的资料和概念出现。完成编码工作后没有出现新的关键类属出现,即理论达到饱和。

(4)编码信度检验

在编码过程中,为避免主观臆断,运用编码一致性指数进行编码的信度检验,针对同一访谈资料的内容,两名研究者各自独立进行编码这一过程,然后统计编码者对资料中各节点出现的频次,计算各节点中编码信息出现的频次,计算各节点中编码信息出现的总频次和一致性等。编码一致性指数是指相同编码数量占总编码数量的百分比,即 $CA=2\times S/(T1+T2)$,S 表示编码者归类一致性指数,T1、T2 表示每人编码总数。编码一致性指数大于 0.7,表明编码一致性良好。本研究的编码一致性指数百分比为 80.7%,说明编码结果一致性良好,能够保证研究的信度。

1.3.3 问卷调查法

采用自编《学生体育锻炼行为调查问卷》,问卷包含:(1)人口统计学题项;(2)体育锻炼行为题项(参考梁德清《体育活动等级量表(PARS-3)》编制体育锻炼行为题项);(3)体育锻炼行为影响因素根据编码提取的影响因素维度及其子维度确定的影响因素和访谈资料中的要点,编制题项,具体题项的表述采用惯用的陈述语句。结合专家意见和学生填答情况,对模糊或者重复等问题进行修改,形成初测问卷后对问卷量表进行初测,根据项目分析、探索性因素分析删减题项,验证量表测量结构,经检验问卷的信效度验证合格后,最终形成问卷《学生锻炼行为调查问卷》。

1.3.4 数理统计法

采用 SPSS25.0 统计软件,对问卷数据进行描述性统计分析(均值、标准差等)、方差分析、t 检验、探索性因素分析、回归分析、信度检验。采用回归分析,检验量表的结构效度,并分析各影响因素的贡献率。

1.4 研究框架

改善儿童体育锻炼现状、培养良好的体育锻炼习惯是发展儿童核心素养、提高社会竞争力、保障健康生活品质的重要前提。如何从个体、家庭及学校等因素实现儿童体育锻炼状况的改善,是本文的根本出发点。遵循社会生态学模型理论①、社会认知理论等筛选具有一定代表性、关注度较高的变量,将其具体化,并构想观念、建立假设模型,运用横断面调查研究探讨个体、家庭及学校因素与儿童体育锻炼行为的特征及关联,运用准实验研究——交叉滞后研究方案,考察诸因素对儿童体育锻炼行为的交互影响,构建集个体、家庭及学校因素的儿童体育锻炼行为影响机制模型,并遵循"环境—认知—行为"交互的社会学习理论,融合教育学、心理学、社会学、行为学等多学科理论、知识,结合"外部资源→内部资源→主体行为"的行为建立过程,获得影响机制的量化支持及模型阐释,在此基础上提出促进策略是本文的基本方略。落脚点是为培养儿童形成良好体育锻炼习惯、建立健康生活方式提供决策与参考,而促进儿童身心和谐发展则是本文的最终目的。

1.5 研究回顾

本文以查阅相关文献资料、咨询相关专家为前提,制定研究方向为儿

---

① 美国心理学家 Bronfenbrenner 在 1970 年所提出的生态系统理论。

童体育锻炼行为促进路径及影响机制研究,在此基础上,以锻炼心理学为视角,确定研究选题,即:个体、家庭及学校因素对儿童体育锻炼行为的交互影响研究。经相关文献检索与梳理、专家咨询与反馈,设计研究方案、制定研究计划、确定研究方法等。按照阶段性的研究方案和计划,首先,采用文献资料法、内容分析法等方法寻找理论基础和依据,对相关概念进行操作性定义,并在此基础上构想研究观念,将指标(变量)具体化;然后,采用问卷调查法和数理统计法等,通过横断面调查研究考查诸因素的特征与关联,并通过纵向调查研究——交叉滞后分析,探讨个体、家庭及学校因素对儿童体育锻炼行为的交互影响,构建影响机制模型;最后,采用逻辑分析法对所得结果进行学理性、系统性阐释,得出研究结论。

2 儿童体育锻炼行为习惯概述

2.1 儿童体育锻炼行为习惯的相关概念

2.1.1 行为

　　行为一词概念的界定,因其在生物学、心理学、法学等不同学科领域下的内涵不同,而不可一言蔽之。首先,在生物学领域中,行为被归类于生命体的基本特征之一,是指有机体与其所处的环境有关的一切活动和反应[①]。也就是说行为的主体是所有的有机体,行为也即自然界的动物、植物在受到刺激时做出的反应。其次,在心理学领域中,由于在心理学不断发展中不同学派间的争鸣,对于行为一词的阐述也有所区别。其中,行为主义心理学是侧重于研究外在的、可观察的、可测量的行为。通过强化来使个体能够出现预期的行为且出现重复出现的趋势[②]。行为一词则多意指人类行为,是人类作为主体,出于自身的目的与需求,选择不同路径,来实现所设目标的一种活动。而在法学领域中,行为则有着广义与狭义的概念区分,其中广义的行为则是专指人由于其自身具有的目的、欲望,而根据目的及欲望所做出的举动[③]。

　　在本书中,对于行为一词的意义阐释倾向于行为心理学中的界定,是

---

　　①郭可雷.学校体育环境、锻炼意向与初中生身体活动的关系研究[D].上海体育学院,2019.

　　②朱姣.重要他人的自主支持感与儿童锻炼行为的关系[D].首都体育学院,2014.

　　③尹龙,李芳,司虎克.体育课需求支持对儿童闲暇时间体力活动的影响:跨情境模型的构建与检验[J].体育与科学,2018(01):90-100+120.

人类作为主体,为达到自身目的而选择相应路径的一种活动,其出发点各异,根据个人的价值判断和选择而各有不同。

2.1.2 体育锻炼行为

国内外不同学者关于"体育锻炼行为"这一名词的界定有着异于彼此的不同见解。

国内学者中,席玉宝将身体锻炼定义为通过身体练习,为增强体质,促进身心健康而进行的一类体育运动。[1] 周西宽(2006)在《体育基本理论》一书中,将体育锻炼定义为个体因其自我需求,在大脑控制下,运用各种手段而进行的体育活动。[2] 季浏(2006)界定体育锻炼为有计划、有规律、重复性的、强健体魄等为目的的身体活动。[3]

国外学者中,Caspersen(1985)等人认为体育锻炼是一种具有可重复性的身体运动,其目的是增强体质,且具有目的性、计划性、多样性的特点。[4] Lotan(2005)等在体育锻炼与体质健康的研究中,将体育锻炼定义为与体质健康与幸福感有直接联系的身体活动。[5] Melissa(2018)等则在体育锻炼对心肺耐力的影响研究中,将体育锻炼定义为可以改善个体心肺耐力,提高健康水平的身体活动。[6]

综上所述,对于"体育锻炼行为"一词概念的界定,学者们虽呈百家争鸣之势,但究其根本,都具有三点属性:首先,其根本属性是身体活动;其次,该行为具有多样性、目的性、计划性等特点;最后,其功能繁多,主要功

---

① 席玉宝.体育锻炼概念及其方法系统的研究[J].北京体育大学学报,2004(1):118—120.

② 周西宽.体育基本理论[M].北京:人民体育出版社,2006.

③ 季浏.体育心理学教与学指导[M].北京:高等教育出版社,2006.

④ Caspersen,C.J,Powell,K.E,&Christenson,G.M..Physical activity,exercise and physicalfitness:definition and distinctions for health—related research [J].Public Health Reports,1985:126—131.

⑤ Lotan M,Merrick J,Carmeli E.A review of physical activity and well—being [J].International journal of adolescent medicine and health,2005,17(1):23—31.

⑥ 段勇.突破极限:青少年心肺耐力训练指南[M].北京:五洲传播出版社,2022.

能有增强体质、促进心理健康、预防疾病等。需要指出的是,体育锻炼行为,不同于体育参与的一个直接属性,就是前者将重点落笔于"行为"二字之上。体育锻炼行为是个体进行的一种身体活动,而体育参与则包含有体育锻炼、体育赛事观看等其他行为。本研究中,体育锻炼行为是个体以身体健康促进为主要目的、通过合理路径选择,而进行的具有一定强度、频率和持续时间的身体活动。

2.1.3 养成

"养成"的本义是培养,使之生成。顾名思义有通过培养而形成之意。覃立认为"养成"是指通过多次参与实际锻炼和教育培养而形成。刘春魁等人则认为"养成"指在根据社会和自身的需要、规则的要求,通过教育的手段培养而形成的一种习惯[①]。"养成"注定会是一个漫长的过程,其成长过程中的不确定性,使得"养成教育"具有长期性、反复性、日常性等特征。在前人关于"养成"概念研究的基础上,并结合少儿的特点,提出"养成"是指后天通过特定的教学方法与手段培养而形成。

2.1.4 体育锻炼行为养成

体育锻炼行为养成即后天通过特定的教学方法与手段培养而形成良好的体育运动行为。在对体育锻炼行为养成的测量方面,长期以来,我国对体育锻炼行为养成的标准也没有统一的规定。

张发强在《中国社会体育现状调查结果报告》中提出,我国居民体育健身行为的基本准则是:每周参加体育活动三次及以上,每次进行30分钟以上的体育活动,自身身体素质和所从事的体育活动项目能够适应中等或中等以上负荷强度的运动者[②]。王红等人认为在形成体育锻炼行为养成的过程中,参加体育锻炼的人若能逐步实现体育锻炼的经常性、自然

---

① 刘春魁,李建红.谈以养成教育为中心的学校管理[J].邢台学院学报,2008(04):60-62.
② 张发强.中国社会体育现状调查结果报告[J].体育科学,1999(01):4-7.

性、适应性、科学性和目的性就能养成体育锻炼行为[①]。白文飞认为,行为养成是指经过反复练习形成它是人在长期地、主动地参加锻炼体育实践中逐渐形成的、愉悦情感的、自身生活中不可缺少的稳定的行为定式[②]。

本书中少儿体育锻炼行为的养成是指少儿在学习生活过程中通过体育舞蹈这一运动手段由内在动机和学校、家庭、社会等外在环境的影响下而逐步养成的,自主有规律地参与体育舞蹈锻炼的行为表现。本书探讨如何判断少儿养成了体育舞蹈锻炼行为,主要通过少儿是否还在进行体育舞蹈的学习、每周体育舞蹈锻炼的次数、时长以及是否将体育舞蹈作为终身锻炼的手段这几个方面来判断。

2.1.5 习惯

《中华法学大辞典》中提出人们的同一行为经多次重复而在实践中逐渐成为习性的行为方式。习惯的内容如果具有社会性,并为人们广泛接受,就会成为普遍公认的社会行为规则。习惯代表一种更广泛、更普遍的国家行为的模式,一种已经确立的获得各国一般默认为具有拘束力的行为规则。

而本书中所研究的体育锻炼行为养成是一种过程,还处于相对初步的阶段,因为所研究对象年龄相对较小,往后的变动相对较大,当他们体育锻炼行为养成后,需要再不断地进行强化后才能演变成习惯。

2.1.6 体育锻炼习惯

2.1.6.1 体育锻炼习惯的概念及其特征

体育锻炼习惯被认为是有规律的身体活动的重复的体育锻炼行为。

---

①王红,王东桥,孙鲁.论养成锻炼习惯是奠定少儿终身体育基础的关键[J].北京体育大学学报,2001(04):540-541.

②白文飞.北京市义务教育阶段少儿良好体育锻炼习惯的调查研究[J].北京体育大学学报,2003(06):786-788.

一般说来,在解释体育锻炼习惯的概念中也有这两种理解。一种是体育锻炼的习惯,即高频率地参加体育锻炼被认为是一种体育锻炼习惯。例如,一个运动员可能频繁地跑马拉松这可能就被认为是一种体育锻炼习惯。由于习惯需要很长时间才能形成。另外一种定义方式是,独立于行为频率的,认为体育锻炼习惯是稳固的[①]。随后形成了一个观点认为,习惯是一个持续的身体活动预测,即使在过去的行为和深思熟虑之后模型中使用意图等结构作为控制。

事实上,如果体育锻炼者不能解释或控制他们的体育锻炼行为,他们在每周有多次 30 分钟以上体育活动就不能被理解。通常自我报告的身体活动的次数被认为是体育锻炼习惯,而不是考虑到失去意识的体育锻炼行为。此外,体育活动使身体脱离休息状态,一旦被情感激发了生理反应也被认为是身体活动形成了体育锻炼习惯。纵观体育锻炼习惯的研究,分歧似乎是基于自然的体育活动本身以及这种行为是否可以成为习惯。作为体力活动的强度增加,身体不适的强度也会增加。这种经历也使体育锻炼习惯无法形成自动性推测。体育活动是否不同于其他健康行为,以及是否可以应用传统理论来理解体育活动,目前仍需要充分的说明。

目前的公共卫生建议体力活动表明,积累 10 分钟每次,能够达到每周 150 分钟成人被认为是有体育锻炼习惯的(世界卫生组织,2008)。然而,我们可以发现对于体育锻炼习惯的界定,国外学者普遍接纳的是根据习惯的四要素,来衡量体育锻炼行为。第一,看这种体育锻炼行为是否有产生体育锻炼行为的意图或决定;第二,是否将体育锻炼行为付诸实践或是否有倾向参与体育锻炼;第三,是否达到了重复进行该体育锻炼行为的表现;第四,是否形成了依赖的行为反应,即不需要太多的主观意识就能投身于体育锻炼行为。可见,习惯的定义发展在国外的研究中也将体育锻炼划分为频率说和自动化说两种,期间考虑的体育锻炼习惯的特征包

---

① Verplanken, B. 2006. Beyond frequency: Habit as a mental construct. [J] British Journal of Social Psychology, 45, 639-656.

括自动化、无意识性、稳定性等。

2.1.6.2 体育锻炼习惯的产生—保持—打破

（1）体育锻炼习惯的产生和形成

习惯是通过操作性条件反射发展起来的，建立在重复奖励的基本原则之上。通常情况下，形成情景—应答联系（context—response associations）是这种重复的下意识结果，通过应答后的奖励可以进一步增强这种联系。在神经系统水平，多巴胺（dopamine）支持这种 RL 模式。通过奖励预测误差（reward prediction errors）信号，或者预期奖励和实际奖励之间的差异，多巴胺的应答被视为相关脑区习惯学习的指导信号[①]。比如个体刚开始时对某个奖励做出重复应答，多巴胺信号促进了习惯学习，但是由于反复的奖励导致了个体对重复信号的反应不敏感。然而区别于通常的外部奖励，这种内部奖励被认为是情绪反应以及随后对身体活动的情感判断，代表了个人对经历的期望，比如对内在调控、享受、乐趣和愉悦感的期望。

虽然习惯与自动化这两个术语有时可以互换使用，就像其他的自动应答一样，以一种自动方式激活了记忆中的习惯而无需执行控制。但是习惯有时并不是自动化的同义词，最贴切的理解是具有特定特征的、习得的自动化应答。而习惯自动化（简称习惯化）的两个特征定义是：第一，通过重复发生的情境线索激活；第二，对目标的短期变化不敏感（即不依赖于目标）。各种线索提示都有可能触发体育锻炼习惯表现，包括体育锻炼场景、其他体育锻炼者以及先前的体育锻炼体验等。一旦养成体育锻炼习惯，对情境线索的感知就会自动激活习惯化反应的心理表征。比如在特定情境下的（家庭、学校、社区）体育环境能够自动激活体育锻炼行为，是体育锻炼习惯自动化的情境线索。

---

①Schultz W,2016. Dopamine Reward Prediction-Error Signalling：A Two—Component Response[J]. Nature Reviews Neuroscience,17：183-195.

（2）体育锻炼习惯的保持与改变

习惯的保持需要更多的重复和奖励,在个人习惯的影响因素中内部影响和外部环境都是影响习惯的保持与改变的重要因素,诱因、重复刺激、奖励是保持体育锻炼习惯的关键。

计划行为理论和理性行为模式研究中多关注体育锻炼行为的目标,而忽略了体育锻炼习惯的另外一个重要方面,即锻炼行为的重复性。如果一个人在某一天为了达到某一特定目标（例如感到心情舒畅）而进行了一次体育锻炼,那么他可能会在第二天有类似体育锻炼行为的决定因素是他前一天锻炼行为的愉悦体验的先验,而不是目标。因为,在进行这种锻炼行为的同时,人们会先了解到这种行为的后果产生的效果是有利的还是不利的。换言之,产生体育锻炼的决定在很大程度上受到人们从以前的愉快的体育锻炼体验中获得的经验的影响。在研究中,Fishbein & Ajzen(1975)以及 Ajzen(1991)认为,先前的行为极可能会影响后来的行为。简言之,行为产生的反馈效应会影响随后人们对社会规范和态度的控制的看法。此外,经验上来看随着实践的增加,行为控制的感知与行为产生有着直接的相关,并且这种感知将逐渐和行为控制同等重要,成为行为产生的表现或一种提示的技能。因此,研究者们认为,行为前置经验对后续的行为的影响是可获得的、有一定的社会规范性、能够执行行为意图的和能够影响的控制能力模式。

然而,当个人一次又一次地做出同样的决定时,可能会有人质疑。如上文所述,个人是否经历了这样一个深思熟虑的决策过程。还是,现在的行为受到了过去的行为的直接影响。例如,Triandis(1980)研究指出,当行为在过去的经验中反复出现并已成为习惯时,初始的刻意的意图在指导后续行为时可能变得无关紧要[①]。在研究中,Triandis(1980)假设行为意图和习惯在预测后续的行为的过程中是相互作用的。亦有研究者Dishman(1982)观察到,运用态度变量来考量,在锻炼行为的一开始参与

①Triandis,H. C. (1980). Values,attitudes,and interpersonal behavior. In H. Howe & M. Page(Eds.),Nebraska symposium on motivation 1979,195-295.

锻炼的项目是可靠的,而在行为持之以恒的不断重复的过程中,目标常常是不可靠的。推断可以这样理解,重复的行为在很大程度上取决于重复的已形成的无意识的习惯,而非需要目标驱动的理性行动。而或,也有行为决策理论家指出,习惯性的行为决定可能由更早、更理性的决策战略所决定,这种战略已成为自动化,因此,在每次遇到决策任务时并不需要经历整个战略决策的全过程①。也就是说,当某一行为已经多次发生后,一个人不需要反复权衡利弊,也不需要每每检查自己的感觉和行为控制便能够自动地做出选择。习惯一旦形成,后续的行为可能仅仅通过习惯形成之前的特定情境线索自动触发,而不需要重新决策。这样看来,跨理论模型的过程化推演就符合了习惯行为的进行规律。

(3)打破习惯和养成习惯的障碍

创造新的健康习惯往往需要用一个更可取的选择来替代一个现有的不受欢迎的行为。然而,对于经常在一致的上下文中执行的行为(因此很可能是习惯性的),意图变化是行为变化的弱预测因子②。在这种情况下,意图的改变仍然具有预测性,这表明仅仅是意图的形成就有可能克服不想要的习惯③。然而,通常在这些情况下,当一个行动的机会出现时,许多人的行为就像他们以前所做的那样,与他们的习惯一致,尽管他们有动机去执行一个替代方案④。在设计干预措施时,重要的是考虑到以前建立的不受欢迎的习惯所带来的挑战。打破一个习惯的另一个有吸引力

---

①Beach,L. R. and Mitchell,T. R. (1978) A contingency model for the selection of decision strategies. Academy of Management Review,3,439-449.

②Webb,T. L. , & Sheeran, P. 2006. Does changing behavioural intentions engender behavior change? A meta—analysis of the experimental evidence. [J]. Psychological Bulletin,132,249-268.

③Danner,U. N. , Aarts,H. ,Papies,E. K. , & de Vries,N. K. 2011 . Paving the path for habit change:Cognitive shielding of intentions against habit intrusion[J]. British Journal of Health Psychology,16,189-200.

④Wood, W. , Tam, L. , & Witt, M. G. 2005. Changing circumstances, disrupting habits. [J]. Journal of Personality and Social Psychology, 88, 918-933.

的解决方案是把这个人从任何暗示不需要的习惯性反应的环境中移开①②。停止接触习惯线索会破坏习惯性行为,也会让新习惯在新环境中依附于线索。在某些情景下,有目的的环境改变可能是一个可行的干预策略,例如,可以鼓励人们走不同的路线去上班,避免去他们通常购买不健康食品的商店。这可能是打破习惯最直接的方法,因此应该在可能利用自然发生的环境变化的情况下使用,例如搬家。这些例子提供了一个"机会之窗",在这里旧的习惯可以被打破,人们可能更容易接受旨在形成新的健康习惯的干预努力。环境中的提醒是一个有用的工具,可以帮助人们记住他们计划好的未来行为③,如果放置得当,也可能有助于打断习惯表现。结果表明,虽然随着时间的推移,提醒逐渐失去作用,但行为仍在继续,可能是因为习惯已经形成④。提醒效果的减弱对习惯形成造成了潜在的问题,因为提醒可能在习惯形成之前就失去了对行为的影响。然而,这也许可以通过用突出的替代提醒替换最初的提醒来解决。综上所述,打破习惯的方法一种是新习惯取代旧习惯,一种是借助环境等习惯的提示线索。我们在对于体育锻炼习惯的发展中也可以应用这两种方法,例如,以每天体育锻炼 30 分钟的新习惯替换不运动的习惯或尽量少的午休时间在座位上而是外出散步。

　　在上述习惯形成过程的描述中可以看出,体育锻炼习惯的产生和保持往往存在许多阻碍。为了应对这一挑战,干预措施可以一方面阻止对旧的、冗余习惯的自动提示;另一方面,促进新的、期望的行为改变促成新

①Wood,W.,Tam,L.,& Witt,M. G. 2005. Changing circumstances, disrupting habits.[J]. Journal of Personality and Social Psychology,88,918-933.

②Verplanken,B.,& Melkevik,O. 2008 . Predicting habit:The case of physical exercise. [J] Psychology of Sport and Exercise,9,15-26.

③Einstein,G. O.,& McDaniel,M. A. 1990 . Normal aging and prospective memory. Journal of Experimental Psychology—Learning Memory and Cognition,16,717-726.

④Tobias,R. 2009. Changing behavior by memory aids:A social psychological model of prospective memory and habit development tested with dynamic field data. [J]Psychological Review,116,408-438.

习惯的形成。

2.2 儿童体育锻炼行为的功能

2.2.1 儿童体育锻炼的生理功能

2.2.1.1 体育锻炼能促进儿童身体的生长发育,增强体力,塑造健美体型

评价生长发育的指标主要为体格指标,如身高、坐高,上、下肢长度,肩宽、骨盆宽、髋宽,胸围、臂围、大腿围和体重等。调查表明,同年龄、同性别的儿童,经常参加体育锻炼的比不参加的身高高 4cm～12cm。

(1)体育锻炼可增强骨功能

体育锻炼能促进全身血液循环加快,使的骨骺软骨板中的细胞不断分裂、增殖和骨化,使骨骼增长更快、长度更长,骨骼更结实、粗壮。骨质疏松会引起骨裂,骨裂在各个年龄层次的人群中均会发生。有规律的体育锻炼,可以提高骨质密度和骨的强度,预防骨裂,对骨质疏松病人具有积极的预防和治疗作用。

(2)体育锻炼可增强肌肉的力量和耐力

在体育锻炼过程中,肌肉反复用力做功,可以刺激肌肉细胞中有关能量代谢、蛋白质合成等酶活性的增加,提高肌肉细胞中能量代谢的能力,促进肌肉蛋白质的合成,使肌肉结实、粗壮、发达,肌肉力量和耐力增强。

(3)体育锻炼可控制体重与改变体型

过分肥胖会影响人的正常生理功能,尤其是容易造成心脏负担加重,寿命缩短。据研究资料,如果一个人的皮下脂肪超过正常标准的 15％～25％,那么,他的死亡危险率会明显提高。通过体育锻炼,不仅能够有效地减少多余脂肪,控制体重,提高心血管系统的功能,而且还能够增加肌肉组成比例,增强肌肉力量,增加关节柔韧性,改善体型和外表。

　　人的形态除了体型之外就是体姿,拥有好的体型并不意味就有好的体姿。立姿含胸驼背,坐姿脊柱侧屈,双肩一高一低,走起路来两脚尖呈"八"字形,跑起步来髋关节伸展不足,好像在"坐着"跑等,都会使一个人的形体美大打折扣。体育锻炼是改进身体姿态的有效途径之一。例如,你想跑得快,就要讲究跑七步的技术,"八字脚"和"坐着"跑都明显地影响了跑的速度。因此,在练习跑步的过程中,你会主动地去纠正这些不正确的身体姿势,久而久之也就会达到矫正不良姿势、塑造完美身体形态的效果。

　　(4)体育锻炼可提高生活、学习、工作质量

　　人的一切行为动作都以骨骼为杠杆、以肌肉收缩为动力。经常运动可以使肌肉保持正常的张力,骨关节保持较好的灵活性,韧带保持较佳的弹性。体育锻炼不仅可以轻松应付日常生活、学习、工作所需要的体力,而且能使人提高运动系统的准确性和协调性,保持手脚的灵便,轻松自如、有条不紊地完成各种复杂的动作。

2.2.1.2 体育锻炼能提高儿童心血管系统的功能,预防心血管疾病

　　心血管疾病是当今世界上危及人类生命的头号影响因素。据报道,在美国每死去的两个人中就有一个是心血管疾病,在我国,心血管病亦居死因首位。大量研究表明,有规律的体育锻炼可以显著防止心血管病的形成和发生。

　　经常参加体育锻炼可使心肌细胞内的蛋白质合成增加,心肌纤维增粗,心肌收缩力量增加,心室容量增大,这样可使心脏在每次收缩时将更多的血射入血管,心脏的每搏输出量增加。长时间的体育锻炼可使心室容量增大。

　　体育锻炼可以增加血管壁的弹性、降低血脂含量,这对人体健康的远期效果来说是十分有益的。人随着年龄的增加,血管壁的弹性逐渐下降,容易诱发高血压等退行性疾病。通过体育锻炼,可以增加血管壁的弹性,预防或缓解退行性高血压症状。

体育锻炼可以促使大量毛细血管开放,因此能加快血液与组织液的交换,提高新陈代谢的水平,增强机体能量物质的供应和代谢物质的排出能力。可以显著降低血脂含量、改变血脂质量,有效防治冠心病、高血压和动脉粥样硬化等疾病。

体育锻炼还可以降低糖尿病发生的危险性。糖尿病的特征之一是血糖水平很高,如果病人不加以控制,会引起许多其他健康问题,如视力减弱和肾亏等。有规律的体育锻炼能控制血糖水平的提高,从而使个体患糖尿病的可能性大大减小。

此外,安静可以使脉搏舒缓。一般人安静时心跳频率为每分钟70~80次,经常从事体育锻炼者为50~60次。体育锻炼可以减缓安静心率,这就大大减少了心脏的工作时间,增强了心脏功能,保持冠状动脉血流畅通,可以更好地供给心肌所需要的营养,降低患冠状心脏病的概率。

2.2.1.3 体育锻炼能改善儿童呼吸系统的功能

人在体育锻炼过程中呼吸过程加深,会吸进更多的氧气,排出更多的二氧化碳,从而使得肺活量增大,残气量减少,肺功能增强。经常锻炼的人由于身体适应能力较强,其呼吸显得平稳、深沉、匀和,频率也较慢,平均每分钟呼吸6~8次,而不锻炼的人平均每分钟呼吸12~15次。

经常参加体育锻炼,特别是做一些伸展扩胸运动和深呼吸运动,可以使呼吸肌力量加强,胸廓扩大,有利于肺组织的生长发育和肺的扩张,使肺活量增加。经常参加体育锻炼的人,肺活量高于一般人。由于体育锻炼加强了呼吸力量,因此可使呼吸深度增加,从而有效地提高肺的通气效率。研究表明,一般人在运动时肺通气量能增加到60升/分左右,有体育锻炼习惯的人运动时肺通气量可达100升/分以上。在氧气的利用率方面,一般人在进行体育活动时只能利用其氧气最大摄入值的60%左右,而经过体育锻炼,这种能力可以大大提高。体育活动时,即使氧气的需要量增加,也能满足机体的需要,而不会致使机体缺氧。

2.2.1.4 体育锻炼能提高儿童消化与代谢功能

体育锻炼会增强体内营养物质的消耗,使整个机体的代谢增强,从而提高食欲。另外,体育锻炼还会促进胃肠蠕动和消化液分泌,改善肝脏、胰腺的功能,从而使整个消化系统的功能得到提高,为人的健康和长寿提供良好的物质保障。

体育锻炼可以加速机体能量消耗。能量物质的最终来源是通过摄取食物获得,因此,运动会促进消化系统的功能变化,胃肠的蠕动加强,消化液的分泌增多,消化和吸收的能力提高,从而增加食欲,增强消化功能。

体育锻炼能促进体内组织细胞对糖的摄取和利用能力,增加肝糖原和肌糖原储存,改善机体对糖代谢的调节能力。

体育锻炼还能提高机体对脂肪的动用能力。脂肪是人体中含量较多的能量物质,它在体内氧化分解时放出能量,约为同等量的糖或蛋白质放出能量的两倍。长期坚持体育锻炼能提高机体对脂肪的动用能力,为人体从事各项活动提供更多的能量来源。

2.2.1.5 体育锻炼能改善儿童神经系统的功能

体育锻炼一方面可以改善和提高中枢神经系统的工作能力,使大脑皮层的兴奋和抑制过程更加均衡,提高大脑皮层的分析、综合能力,使学习和工作都处于最佳状态,并能坚持较长时间;另一方面可以改善和提高中枢神经系统对内部器官的调节作用,使各器官和各系统更加灵活协调,提高机体的工作能力。此外,经常进行体育锻炼的人,在自然环境中接受寒冷和炎热的刺激,能提高对环境变化的适应能力和对疾病的抵抗能力。

体育锻炼可以提高神经系统对人体活动时错综复杂情况的判断能力,并及时做出协调、准确、迅速的反应。研究指出,经常参加体育锻炼能明显提高脑神经细胞的工作能力;反之,若缺乏必要的体育活动,大脑皮层的调节能力将相应下降,造成,衡失调,甚至引起某些疾病。

2.2.2 儿童体育锻炼的心理功能

健康的心理素质是现代健康人应具备的重要素质之一,现代的儿童除了具备一定的文化知识、强健的体魄外,还必须具备健全的人格和良好的心理素质。体育锻炼是以人的身体练习来满足个体及社会的物质需要与精神需要的社会活动。儿童通过体育教学、健康卫生课、课外体育和运动竞赛等活动,来增强体质,促进身心全面发展。体育锻炼能对儿童的心理素质产生积极的影响。

2.2.2.1 体育锻炼对儿童认知能力的作用

经常参加体育活动能改善人体中枢神经系统功能,提高大脑皮层兴奋和抑制的协调职能,使神经系统兴奋后抑制的交替转换过程发展平衡,从而改善大脑皮层神经的平衡性和准确性,促进人体感知能力的发展,使大脑思维想象的灵活性、协调性、反应速度等得以改善和提高。体育锻炼使儿童感知敏锐、思维灵活、想象丰富。

培养观察能力。观察能力是一种有目的、有准备、主动的知觉能力,它的最佳品质是敏捷、准确、深刻和完善。儿童在体育锻炼中,在控制自己注意力稳定的同时,还要"眼观六路",观察教师、同伴和对手的变化。这对培养其观察能力是十分有益的。

发展空间知觉、时间知觉和运动感知能力。体育锻炼使人体感觉、重力感觉、触觉和速度、高度知觉等更加准确,提高大脑神经细胞工作的耐受能力。尤其是参加球类、体操、田径、武术等运动,能通过观察空间的大小、方位、距离等,调整自己的动作,纠正错误的姿势,同时也发展了空间知觉和时间知觉。例如,在球类运动中,要目测本队队员的距离,判断与对手相应的位置以及移动的方向和速度;在体操、武术运动中需要凭借视觉和平衡感觉来辨别身体各部分的空间位置与移动的方向和速度。这在很大程度上可以缓解和改善人的意识和记忆模糊、朦胧、错觉和幻觉等智力上的障碍。

促使人体的本体感觉更精确,加速运动技能的掌握,提高熟练程度。经常从事体育锻炼,尤其是从事体操、乒乓球、台球、田径等运动,对提高精确的肌肉本体感觉和各器官协调配合能力的效果更佳。因为从事这些运动时,都是凭借运动感觉来调节肌肉用力的强度、持续的时间、动作的速度和准确性等,这对培养锻炼者敏锐的观察力、稳定的注意力、精确的肌肉感觉和细微动作的比较能力是颇有裨益的。

2.2.2.2 体育锻炼对儿童情绪、情感的作用

体育锻炼对儿童情绪、情感具有调节作用,有助于不良情绪的宣泄。参加体育锻炼,特别是参加那些自己喜欢和擅长的运动项目,可以使人从中得到快感。神经心理实验研究表明,当人体进入运动状态时,大脑会分泌一种可以支配人心理和行为的肽类。这种具有魔力的肽类,具有振奋人心的作用,使锻炼者进入一种愉悦氛围中,体会到成功的快感。因此,参加体育锻炼,可以使儿童从中得到乐趣,振奋精神,陶冶情操,并使其烦恼、不安、寂寞、自卑等不良情绪得以解除,促使其始终处于积极的情绪状态之中。

儿童面对紧张的学习节奏和来自多方面的压力,普遍会感到厌倦和压抑,易引起个体心理上的不平衡,从而导致心理疾病的产生。体育锻炼能使儿童的不良情绪通过合理形式进行宣泄,使儿童的精神状态达到平衡而取得缓和,从而消除儿童心理上的疲劳,对于减轻由于紧张和压抑而引起的神经系统病变具有一定的改善和治疗作用。

体育锻炼中的情感体验强烈而又深刻,成功与失败、进取与挫折共存,欢乐与痛苦、忧伤与愉悦相互交织,同时人的情感表现也相互感染、融合。这种丰富的情感体验,有利于儿童情感的成熟,有利于情感自我调节的发展。尤其是集体运动项目,可以增加与人相处的机会,培养谦让、互学互动、相互帮助、适应群体活动的能力。

2.2.2.3 体育锻炼对儿童意志品质和环境适应能力的作用

体育锻炼可以培养儿童坚强的意志品质和良好的环境适应能力。意志品质既是在克服困难的过程中表现出来的,又是在克服困难的过程中培养起来的。在体育锻炼中,锻炼者需要不断克服客观困难(如气候条件的变化、动作的难度或意外的障碍等)和主观困难(如胆怯和畏惧心理、疲劳或运动损伤等)。锻炼者在克服重重困难的过程中,培养坚强的意志品

质;在应对挫折、胜利和来自各方面的压力中,形成胜不骄、败不馁的良好心理状态。

体育锻炼可以使儿童增强自信、自我激励,争取不断地战胜自己、超越自己、超越别人,获得奋发向上的情绪体验。体育锻炼可以培养儿童顽强拼搏、吃苦耐劳、坚持不懈、克服困难的思想作风和顽强的毅力,有助于培养团结友爱、集体主义和爱国主义精神,有利于培养机智灵活、沉着果断、谦虚谨慎等意志品质。这些意志品质迁移到日常的学习、生活中,能提高儿童对生活环境的适应能力。

体育锻炼能培养人的独立性和社会性。独立性就是个性化,是把依赖性的态度和行为转换为自主的态度和行为。社会性指人的生存所必需的社会适应性,把以自己为中心的态度和行为转换为社会的态度和行为。经常从事体育锻炼可以发展个性和增强适应社会的能力。

2.2.2.4 体育锻炼对儿童自我认识和评价能力的作用

体育锻炼可以提高儿童自我认识和评价的能力。一个人具有正确的自我观,就意味着能客观地认识自己和对待自己。

第一,体育锻炼有助于认识自我。体育活动大多属于集体性、竞争性的活动,自己能力的高低、修养的好坏、魅力的大小都会明显地表现出来,使自己对自我有一个比较符合实际的认识,提高自我观察、自我判断和自我评价能力。

第二,体育运动有助于自我教育。在体育锻炼中认识自己的不足,不断修正自己的认识和行为,挖掘自己的潜能和长处,正视和弥补自己的不足,正确对待成功与失败。

第三,体育锻炼有助于自我控制。在体育锻炼中培养坚强的意志,克服心理障碍,促进自主、自立、自强和对自身言行的控制、监督能力,使个性得以完善。

第四,体育锻炼有助于树立儿童的成就感。现代人特别注重自己的人生价值,注重提升自己的人格魅力,而体育锻炼在体现人的价值方面具有得天独厚的条件。在参加体育锻炼时,儿童不断战胜自我、超越自我,生理机能和身体素质得到增强,运动技能、技巧得以提高。当取得一些成绩后,儿童就会产生自我成就的认识和情感体验,产生愉快、振奋、幸福感和心理满足感。

2.2.2.5 体育锻炼对儿童个性的作用

个性是以遗传倾向很强的气质为中心,并在社会条件和教育影响下所形成的一个人的比较固定的心理特征。从心理学的角度讲,人的个性就是人体各种心理特征的综合,具体表现在兴趣、爱好、才能、气质、性格等方面。各种体育运动同个性有着密切的联系,对培养和发展人的个性有很大的作用。实践表明,参加体育锻炼的人兴趣广泛、性格开朗、豁达大方、有良好的气质。同时,通过体育锻炼还能增长人的才干。

2.2.3 儿童体育锻炼的社会功能

2.2.3.1 体育锻炼有助于儿童形成和谐的人际关系

现代社会进步和科技发展在给现代人带来无数便利的同时,生产方式和生活方式的变化也造成了人与人之间感情交流匮乏,人际关系疏远。而体育锻炼能改善儿童人际关系,在加强儿童人际交往、促进心理相容、培养心理适应能力方面具有重要作用。

体育锻炼的竞技性和群体性为儿童的人际交往提供了机会。体育运动过程中存在着人与人之间、个人与集体之间、集体与集体之间的相互交往,这种交往通过群体成员对体育活动的共同行为倾向,产生情感上的沟通,进而有彼此友爱的感受和心理倾向。

体育锻炼中不必用言语即可相互交往,亦可找到志趣相投的知音。他们可以通过一个手势,一项活动等直接或间接地沟通信息,自觉不自觉地产生一种情感,并能获得较高的安全感和自信心。

体育锻炼中必须服从裁判、尊重观众、团结同伴,努力控制和约束自己的行为,这有利于培养儿童在交往中的团体规范意识,提升自身的责任感。

一些集体性体育锻炼项目本身就对参与者提出了相互交流、相互信任、相互鼓励的要求,人们只有默契配合,发扬团队精神,才能获取好的成绩。这不仅有利于减轻个人的孤独感、避免人格偏差、改善人际关系,而且能帮助他们认识到自己的价值,树立自信心,从而形成健全的人格。

2.2.3.2 体育锻炼可使儿童养成健康的生活方式,提高生活质量

生活方式对人的健康和社会和谐都非常重要。生活方式包括的内容较多,如饮食、睡眠、社会交往、嗜好、度过闲暇时间的内容和方式等。因为闲暇时间是人们自我发展、自我完善、自我调整的最佳时段,所以度过闲暇时间的内容和方式,对养成健康的生活方式具有特殊的意义。体育锻炼是一个需要长期坚持的活动,"三分钟热度"式的一时热情、"一曝十寒"式的锻炼,对体能的提高和保持是没有益处的。而坚持经常的体育锻炼会自然而然地形成一种生活习惯,使体育锻炼成为闲暇生活中不可缺少的组成部分。体内的生物节奏将身体接受体育锻炼的刺激过程,编入体内的运转程序,每到锻炼的时间就会自然地产生运动的欲望。如果打破这种生活规律,反而会感到不舒服。按照这一程序持续地坚持锻炼,对身体健康将有极大的好处。此外,运动后体内所产生的欣快感对人形成乐观向上的性格亦有相应的帮助。

坚持体育锻炼,可以使你拥有健康的体魄、充沛的精力和饱满的精神。人拥有健康的体魄,就拥有了愉快生活的物质基础。如果没有健康,那么再多的财富也将失去意义。有了健康的身体,才有创造美好生活的本钱;有了健康的身体,才可能充分地享受生活。

2.2.3.3 儿童的体育锻炼可以增强国防能力

一个国家欲屹立于世界民族之林,就必须有强大的国力。国防能力是国力的重要组成部分。构成国防能力的因素很多,其中兵员和武器装备是两大要素。因此,国民身体素质,特别是军人和准军人的身体素质,也就构成了国防能力的要素。

毫无疑问,未来高科技战争对参战人员的智力和神经系统工作能力的要求很高。但是,人的智力和神经系统工作能力并非无源之水、无本之木,其依赖的基础正是体质。兵源于民,未来共和国的准军人就在现在的儿童之中。其体能的强弱与国防建设有着显而易见的联系,儿童的体能状况在整体上已决定了补充兵员的体能基础。由此可见,儿童的体能锻炼对国防能力的提高具有多么重要的意义。

2.2.3.4 体育锻炼可以增强儿童的社会竞争力

竞争是社会发展与进步的一个重要动因,人只要生活在社会中,就摆脱不了竞争的现实。竞争存在于人们生活的各个领域的各个层面,而健康的体魄、充沛的精力、良好的素质是社会竞争力的基石。如果没有健康的身体,宏伟的目标,美好的愿望都会付诸东流。有句话说得好:"成功不取决于权力,不取决于财力,也不取决于知识,而取决于健康、精力以及能力。"体育锻炼是促进儿童身心健康、提高社会竞争力和成就事业的有效手段。健康直接关系到儿童对未来职业的选择和事业的成就。在竞争激烈的现代社会,胜利属于那些身心能够承受巨大压力的人。

儿童要积极投入到体育锻炼中去,养成经常锻炼的习惯,在锻炼中发展身体、增强体质、磨炼意志、提高适应力,以充沛的体力、充沛的精力、坚定的信心和顽强的毅力迎接未来社会竞争与事业的挑战,为祖国的繁荣、昌盛作出更大贡献。

2.2.4 儿童体育锻炼的生存教育功能

2.2.4.1 体育锻炼可以提升儿童对生命存在意义的认知水平与生存能力

生存教育就是通过开展一系列与生命保护、社会生存有关的教育活动和社会实践活动,向受教育者系统传授生存的知识和经验,有目的、有计划地培养学生的生存意识、生存能力和生存态度,树立科学的生存价值观,从而促进个性自由全面健康发展,实现人与自然的和谐统一的过程。

生存教育与生命教育、生活教育并称为"三生教育"。

体育是学校教育的组成部分,通过体育锻炼,可以使儿童体适能、运动技能、心理素质、体育精神、社会参与意识得到锻炼与发展。这些都为儿童认识生命、珍惜生命、热爱生命和确立正确生存意识、掌握生存本领、提升生命质量与生存能力,提供了坚实的物质基础与精神基础。

2.2.4.2 体育锻炼可以提升儿童对自然环境的应激水平,提高儿童对自然环境的适应能力

自然环境指自然界中一切可以直接或间接影响到人类生活、生产的物质和资源的总和。主要包括空气、水、植物、动物、土壤、岩石、矿物、太阳辐射、海洋等。在这里所说的人体适应自然环境的能力,主要指人受了外界环境(天气、气候、空气、阳光、水分等)影响,在中枢神经系统支配下,不断调节机体各器官能力,使之处于正常稳定的功能活动状态。由于自然环境的变化是客观存在的,要达到人体与外界的平衡,必须依靠自身的不断调节来增强适应能力。

经常从事体育锻炼的人,在各种恶劣气候和环境条件下生活,身体调节体温的能力、对疾病的抵抗能力、新陈代谢水平等都会得到提升,对自然环境的适应能力得到提高。

2.2.4.3 体育锻炼可以提高儿童对公共突发事件与自然灾害突发事件的应对处理能力

当今社会快节奏的生活方式,大幅度的活动空间,运载工具的高速化,使日常生活中发生意外事故的概率大大增加。在一些发达国家,意外事故的死亡率仅次于心脏病、脑中风和癌症。这些意外事故主要发生于工伤、车祸、爆炸、暴力、房屋坍塌,各种突发的自然灾害(洪水、飓风、地震、海啸等)也在威胁着公众生命。

社会公众是应对突发事件的行为主体。突发事件一旦发生,处在第一时间、第一现场的公众是否具有必要的避险意识和自救互救技能,直接关系到自身生命安全,关系到能否最大限度地避免突发事件的影响或减

少其造成的损失。因此,加强防范意识、强化避险意识、掌握应急知识、提高应急技能和能力应从娃娃抓起。这不仅是贯彻我国教育方针,增强全民防灾意识的一项重要举措,也是深化我国儿童体育与健康课程教学改革的要求。

提高儿童对突发事件的应对处理能力方法很多,但体育锻炼无疑是一种很好的形式和有效途径。因为体育锻炼可以提高儿童的体适能、心适能和社会适应能力,为应对突发事件的紧急避险技能奠定素质基础;体育锻炼还可以提高儿童掌握自救、互救、团队协作救助的知识和本领,使他们具有灵敏的反应能力和应变能力,以应对错综复杂的环境,最大限度地减少由于行动失误而造成的不必要的伤害和损失,保障生命和财产的安全。

2.3　儿童体育锻炼行为的理论基础

2.3.1 锻炼心理学理论

锻炼心理学(Exercise Psychology),是集心理学、生理学、体育学等学科于一身的交叉学科,是探讨个体体育锻炼前、锻炼过程、锻炼结束后的某些心理问题与体育锻炼关系的学科[①]。儿童体育锻炼行为是锻炼心理学研究的热点,该学科关注体育锻炼行为发生前、发生时、发生后的认知、信念、自我概念、动机、社会支持、人格、情绪体验、自尊、社会环境、感知、行为形式等相关问题,并以合理行为理论、跨理论模型、动机理论(自我决定理论、自我效能理论)、社会支持理论、健康信念理论等为核心理论依据开展研究。随着锻炼心理学的发展,国内大量学者对儿童体育锻炼

---

①司琦.锻炼心理学[M].杭州:浙江大学出版社,2008.

行为进行了广泛探讨[1][2]，其中，在众多影响青少年体育锻炼行为的因素中，关注度较高的有社会人际支持（教师支持、同伴支持、父母支持等）、感知锻炼资源可利用性的自然环境支持，以及决定个体行为或与行为关系紧密的认知、动机、计划、锻炼意向、情感等[3][4]。锻炼心理学不仅关注个体锻炼行为的心理动因，同时，还关注外界环境与个体的交互联系，注重个体对锻炼环境的感知以及由个体感知引发的心理反应问题[5]，比如：感知外界环境的刺激所引发的情绪体验。近年来，学者们围绕儿童体育锻炼问题，形成了较多经典的、具有代表性的理论模型，如锻炼坚持决策模型、儿童自主健身模型、锻炼行为干预模型、锻炼行为促进模型等[6][7][8][9]。从锻炼心理学的研究取向来看，关注个体对体育锻炼环境（自然环境、人际环境）的感知水平，以及由环境感知引发的锻炼心理反应，有助于把握儿童体育锻炼行为的形成过程。因此，以锻炼心理学为视角，从个体、家庭和学校因素探究儿童体育锻炼行为的影响机制，可以准确厘清儿童体育锻炼中的诸多潜在问题。

---

[1]陈福亮,杨剑,季浏.影响超重和肥胖少年锻炼阶段转变的心理因素研究：基于阶段变化理论[J].武汉体育学院学报,2015(1):96-100.

[2]邱芬,崔德刚,杨剑.基于运动承诺的学生体育锻炼行为的影响因素研究[J].天津体育学院学报,2011(5):384-389.

[3]郭正茂,杨剑.体育文化分层对青少年中高强度身体活动的影响——基于社会生态学理论的考察[J].上海体育学院学报,2020(9):64-73.

[4]杨剑,陈开梅,季浏.锻炼时间对青少年运动承诺的影响机制——锻炼满足感和社会支持的中介作用[J].上海体育学院学报,2014(4):69-73.

[5]陈善平,李树苗,朱长跃.基于解释结构模型的锻炼坚持机制分析[J].西安体育学院学报,2007(6):117-122.

[6]陈善平,李树苗,闫振龙.基于运动承诺视角的学生锻炼坚持机制研究[J].体育科学,2006(12):48-55.

[7]杜建军,罗琳.儿童锻炼行为促进模型建构与干预策略研究[J].武汉体育学院学报,2017(3):61-69.

[8]房蕊.儿童自主健身行为概念模型的质性研究[J].北京体育大学学报,2013(7):41-46.

[9]冯玉娟,毛志雄,车广伟.学生身体活动行为预测干预模型的构建：自主动机与TPB扩展模型的结合[J].北京体育大学学报,2015(5):72-76.

2.3.2 社会认知理论

社会认知理论是 Bandura 在传统行为主义人格理论中加入了认知成分用于阐释个体在社会学习中的过程理论。社会认知理论大体汇集了三方面:

(1)交互决定论(Reciprocal Determinism),又称三元交互决定论。行为的产生是由外部资源决定,还是由内部力量决定,多年来,学术界在这一问题的争议上形成了两种论断:个体决定论和环境决定论。一方面,个体的心理动因(比如:欲望、动机、信念)会有效引导、决定个体行为,而行为实践所形成的结果往往会改变、影响或者决定思维的形式、方法、内容以及行为主体体验、反应、情绪情感等;一方面,个体可以通过自身属性或特征决定、调试或者激活对外界环境的知觉特殊情境所形成应激反应;此外,作为个体与外界环境的函数或者中介,行为是个体改变外界环境,并使之适合自我需要和诉求,而达到生存的目的或改善个体与环境间适应关系的手段,行为不仅受个体的心理需要支配,同时也会受外界环境的诸多现实条件制约[1][2]。交互决定论强调人与外界环境之间的相互作用,外界环境不仅仅是个体行为的原因,也可能是人类行为的结果。从这一层面理解,在诸多与儿童体育锻炼行为相关的学校因素中,学校环境(如自然环境、人际环境)可能会通过影响儿童的个体心理特质(如认知、动机、决策、体验)而对体育锻炼行为产生影响,同时,体育锻炼行为也可能会反向影响学校环境。

(2)观察学习(Observation Learning),亦称替代学习,是指个体通过观察他人的行为及其强化结果来习得某些新的反应和经验,或使自身已有的某种行为反应特征得到矫正和纠偏。观察学习是由四个相互关联的

---

①BANDURA A. Self—efficacy in changing societies[M]. Britain:Cambridge University Press,1997:17-94.

②BANDURA A. The self system in reciprocal determinism [J]. American Psychologist,1978,33(4):344-358.

子过程组成:注意、保持、产出、动机①。也就是说,个体在认识和理解事物的途径并不仅仅依靠直接参与,还可以通过观察他人行为来获得代替性经验,从而习得或改善某种技能。从这一层面理解,在诸多影响儿童体育锻炼行为的家庭因素中,儿童观察到的父母锻炼习惯会成为个体行为习得的一种代替性经验②,使儿童在观察和注意中获得相关体育认知,习得某种运动技能、形成某种锻炼行为方式③。

(3)自我效能感(Self—efficacy),是个体对自己与环境发生相互作用效验性的一种自我判断,强烈的自我效能感有助于个体对新问题产生兴趣并全力投入其中,有助于激发个体不断努力去战胜困难,并且,自我效能感会在此过程中不断得到强化与提高;相反,自我效能感差的人总是自我怀疑,遇到困难时易产生畏缩和逃避④。Bandura(1982)对自我效能感形成条件及其对行为影响的研究指出,自我效能感的形成主要受五种因素影响,包括行为的成败经验、替代性经验、言语劝说、情绪的唤起、情境条件⑤。积极自我肯定的信念能创造积极情感,消极情绪会产生挫败感⑥。从这一层面来看,积极的效能感有助于激发个体的成就信念、树立

---

①苏庆富,阮利民.体育社会心理学学科结构性要素——研究对象的探讨[J].沈阳体育学院学报,2012(6):53-56.

②SUKYS S, CESNAITIENE V J, OSSOWSKY Z M. Is health education at university associated with students' health literacy? Evidence from cross—sectional study applying HLS—EU—Q [J]. Biomed Research International, 2017, 87: 1-9.

③SUKYS S, MAJAUSKIENE D, CESNAITIENE V J, et al. Do parents' exercise habits predict 13 — 18 — year — old adolescents' involvement in sport? [J]. Journal of sports science & medicine, 2014, 13(3): 522-528.

④乐国安,纪海英.班杜拉社会认知观的自我调节理论研究及展望[J].南开学报(哲学社会科学版),2007,5:118-125.

⑤汤冬玲,董妍,俞国良,等.情绪调节自我效能感:一个新的研究主题[J].心理科学进展,2010,18(4):598-604.

⑥BANDURA A. Self — efficacy mechanism in human agency [J]. American Psychologist,1982(2):122-147.

自尊和自信心,使其社会行为更为投入、专注[1][2]。

2.3.3 社会生态学理论

社会生态学(Social Ecology)来源于系统理论中关于人与环境的研究,是研究人与动物的社会行为、组织与生态环境关系的一门学科[3]。该理论所形成的社会生态学模型能有效解释人的身体活动行为影响要素的作用及其内在联系,认为多层次环境会直接、间接对体育活动行为产生影响[4][5],而且,作为社会生态健康行为模型的远端层,外界环境往往通过近端层发挥功效[6][7]。McLeroy(1988)等人根据社会生态系统理论构建了基于个体层、人际层、组织层、社区层及政策层等五个层次的健康行为模型[8],被广泛应用于个体健康行为(包括身体活动、体育锻炼)的研究领域,其中,个体层包括认知、态度、动机、信念、决策、自我概念等,人际层由社会支持系统等因素构成[9]。美国心理学家 Bronfenbrenner(1994)将作

①程晖.朋友支持提升学生有氧体适能的路径:身体活动和自我效能的中介作用[J].体育与科学,2019(4):114-120.
②董宝林,张欢,朱乐青,等.健康信念、自我效能感和社会支持对儿童余暇锻炼的影响[J].山东体育学院学报,2018,34(5):106-112.
③BEKOFFM,WELLS M C. Social ecology and behavior of coyotes [J]. Advances in the Study of Behavior,1986,16:251-338.
④陈培友,孙庆祝.青少年体力活动促进的社会生态学模式构建——基于江苏省中小学生的调查[J].上海体育学院学报,2014,38(5):79-84.
⑤叶峻.社会生态学与协同发展论[M].北京:人民出版社,2012:12-18.
⑥代俊,陈瀚.社会生态学视角下儿童校外身体活动行为的影响因素研究[J].首都体育学院学报,2018,30(4):371-377.
⑦DOMINICK G M, SAUNDERS R P, FRIEDMAN D B, et al. Factors associated with provision of instrumental social support for physical activity in a foster parent population [J]. Children & Youth Services Review,2015,52:1-7.
⑧MCLEROY K R, BIBEAU D, STECKLER A, et al. An ecological perspective on health promotion programs [J]. Health Education Quarterly,1988,15(4):351-377.
⑨代俊,陈瀚,李菁,等.社会生态学理论视域下影响儿童运动健康行为的因素[J].上海体育学院学报,2017(3):35-41.

用于个体行为的环境因素分为四个系统,即:微观、中间、外部和宏观①,其中,微观系统是与个体交互的直接环境②。此后,学者在大量的研究中总结出,外界自然环境(建成环境、场地设施等)是促进儿童身体活动的物质保证③④。

　　社会生态学理论强调生态环境对人类行为影响,20世纪90年代,国外学者基于生态学理论构建了儿童体育活动促进概念模型⑤,并总结出:儿童的身体活动受多水平因素直接或间接影响⑥。Welk(1999)从个体心理、社会特征、体育环境等维度构建了促进儿童身体活动的社会生态学模型⑦,并在众多影响儿童身体活动的因素中总结出:个体因素包括能力效能、兴趣、健康信念、锻炼意向(决策)等,社会(文化)特征包括父母支持、同伴支持等,体育环境维度包含场地设施、运动设备(器材)等,这些因素是儿童身体活动较为直接的预测源⑧。近年来,社会生态学理论在儿童身体活动或体育锻炼中迅速推广,并普遍认同个体心理、人际和环境是儿

　　①BRONFENBRENNER U,CECI S J. Nature－nurture reconceptualized in developmental perspective:A bioecological model [J]. Psychological Review,1994(4):568-586.

　　②杨剑,邱茜,季浏.锻炼行为生态学模型及其在体育领域的应用[J].武汉体育学院学报,2014,48(10):75-81.

　　③小英,燕子.生态学模型在锻炼心理学中的应用[J].西安体育学院学报,2010(6):765-768.

　　④郭正茂,杨剑.体育文化分层对青少年中高强度身体活动的影响——基于社会生态学理论的考察[J].上海体育学院学报,2020(9):64-73.

　　⑤方敏.锻炼行为生态学模型的理论阐释及展望[J].西安体育学院学报,2010(1):121-124.

　　⑥ZHANG T,SOLMON M. Integrating self－determination theory with the social ecological model to understand students'physical activity behaviors [J]. International Review of Sport & Exercise Psychology,2013(1):54-76.

　　⑦WELK G J. The youth physical activity promotion model:A conceptual bridge between theory and practice[J]. Quest,1999(1):5-23.

　　⑧AHN S J,JOHNSEN K,ROBERTSON T,et al. Using virtual pets to promote physical activity in children:An application of the youth physical activity promotion model [J]. Journal of Health Communication,2015(7):807-815.

童体育参与的关键因素[1][2]。

2.3.4 社会支持理论

社会支持,是在一定社会网络中运用一定的精神和物质手段对社会弱势群体进行无偿帮助的行为总和[3]。通常情况下,指来自个体以外的各种支持总称,是与弱势群体相伴的社会行为。作为一种理论范式,社会支持源于"社会病原学",早期是将个体的心理、生理和社会适应能力联系起来的[4]。但就已有研究来看,国内外学术界对社会支持理论的运用已然超越了原有的释义,并将其拓展为那些为特殊、弱势群体提供物质和精神资助,帮助该类群体摆脱困境的社会行为总和[5]。社会支持网络是一组人与人接触的,由若干个体组成的支持性网络,个人通过接触外界来维持社会身份、获得社会物质援助和服务、接触新信息与新社会。社会支持理论认为,这些社会情境中,人们所拥有的社会支持性网络越广泛、越强大,越能有效应对来自外界环境的各种应激和挑战[6]。个体因社会支持所拥有的资源可以分为个人资源和社会资源[7],其中,个人资源包括个人的应对能力、应对方式和自我功能,社会资源则泛指个体在社会网络中的广度,以及社会网络中的个体所能提供的社会支持程度。社会支持理论,

①ASEY M M, EIME R M, PAYNE W R, et al. Using a socioecological approach to examine participation in sport and physical activity among rural adolescent girls [J]. Qualitative Health Research, 2009(7): 881-893.

②EIME R M, CASEY M M, HARVEY J T, et al. Socioecological factors potentially associated with participation in physical activity and sport: A longitudinal study of adolescent girls [J]. Journal of Science and Medicine in Sport, 2015(6): 684-690.

③王雁飞.社会支持与身心健康关系研究述评[J].心理科学,2004(5):1175-1177.

④辛自强,池丽萍.快乐感与社会支持的关系[J].心理学报,2001(5):59-64.

⑤严标宾,郑雪.学生社会支持、自尊和主观幸福感的关系研究[J].心理发展与教育,2006(3):60-64.

⑥刘霞,范兴华,申继亮.初中留守儿童社会支持与问题行为的关系[J].心理发展与教育,2007(3):98-102.

⑦李文道,邹泓,赵霞.初中生的社会支持与学校适应的关系[J].心理发展与教育,2003(3):73-81.

强调通过干预主体的社会支持网络来改变日常生活[①]，尤其对那些社会网络资源匮乏、利用社会网络能力不足的个体，社会支持能够为其提供情感、行为、经济等多元化的保护和帮助。社会支持系统由是主体、客体、内容和手段等多维要素构成的复杂系统[②]。社会支持的功能是能够使个体相信被他人关心和爱，能够使个体相信自我具有尊严和价值，能够使个体相信自身具有归属感，属于群体或团体成员中的一员[③]。

2.3.5 社会认同理论

认同是个体主观的、内在的自我概念，是个体归于某特定团队/群体的归属感，以及个体作为某团体/群体成员所知觉到的价值、情感[④]。社会认同是个明确引导如何概念化和评估自己的自我定义，社会认同包括许多独特的、凸显自我的特征。认同包括五类自我了解类别：人际自我（与主体直觉或注意到的具体情感和交流有关）、生态自我（与周围的物理或自然环境有关）、扩展自我（基于自我记忆、期望、认知评估等）、私密性自我（意识经历仅归属于自我）、概念自我（具体和概括人性假设理论，从社会环境、社会网络中获取意义、评估的自我概念）[⑤]。

社会认同理论认为：社会认同是由类化、认同和比较三个基本过程组成。其中，类化指个体将自己纳入某一群体，认同是认为自己拥有该群体成员相似的、普遍的、一致的特质、特性或特征[⑥]，比较是评价自己认同的

---

①何安明，惠秋平，刘华山.学生社会支持与孤独感的关系：感恩的中介作用[J].中国临床心理学杂志，2015(1)：150-153.

②李燕平，马玉娜，文思君，等.社会支持理论视角下生活困难家庭儿童的帮扶需求研究[J].中国青年社会科学，2019(2)：117-125.

③顾思梦，郭本禹，袁逖飞，等.自尊、社会支持在成人依恋与抑郁情绪间的中介效应检验[J].中国临床心理学杂志，2016(1)：1-7.

④ASHFORTH B E, MAELF. Social identity theory and the organization [J]. Academy of Management Review，1989，14(1)：20-39.

⑤NEISSER U. Five kinds of self—knowledge [J]. Philosophical Psychology，1988(1)：35-59.

⑥HUNGER J M, MAJOR B, BLODORN A, et al. Weighed down by stigma：How weight - based social identity threat contributes to weight gain and poor health [J]. Social and Personality Psychology Compass，2015(6)：255-268.

群体相当于与其他群体的地位、声望等①。社会认同理论将社会行为划分为人际行为和群际行为。其中,人际行为是个体与个体间的互动完全由二者或多者间的人际关系和个体内在决定,其互动不受各自社会群体和类别影响,群际行为是个体与个体,或者群体与群体间的互动完全由二者间人际关系和个体内在决定②。学术界在意识到个体受所属各种宽泛类型群体成员身份的影响后,进一步发展了关于群体与个体关系影响模式③,即社会认同模式(Social Identity Model)。该模式指出,对群体成员身份的认同主要是一种认知过程,该过程通常是人们在回答"我是谁"这样的问题时产生,而这一问题可依据主体所属或者所认定的群体立场应答,因此,个体往往通过从赞赏和确认归属群体的属性获得社会认同感或群体认同感。这种社会认同感只是偶尔在某一种特定或特殊情境中出现,又在某种特定或特殊情境中消退④,一旦出现,个体所表现出来的言行会与其归属的社会类别规范趋同,并配合相关特定情景采取相应的行动⑤。

2.3.6 动机理论

社会心理学认为,动机是涉及行为的发端、方向、强度和持续性。动机理论是心理学家用以解释行为动机本质及其产生机制的理论和学说,主要有本能论、唤醒论、驱力论、诱因论、认知论等。其中,认知理论又包含了期待价值理论、动机归因理论、自我效能理论、目标定向理论等子理论。其中,自我决定理论是一类关于解释人类自我决定行为的动机过程

①迈克尔·豪格,多米尼克·阿布拉姆斯.社会认同过程[M].高明华译.北京:中国人民大学出版社,2011.

②吕行,钟年.性别刻板印象的人际传播特点研究——基于社会认同理论或社会支配理论?[J].心理科学,2016(1):185-190.

③BURKE S P J. Identity theory and social identity theory [J]. Social Psychology Quarterly,2000(3):224-237.

④王卓琳,罗观翠.论社会认同理论及其对社会集群行为的观照域[J].求索,2013(11):223-225.

⑤吕行,钟年.性别刻板印象的人际传播特点研究——基于社会认同理论或社会支配理论?[J].心理科学,2016(1):185-190.

理论,解释是人们在多大程度上反映出对自己的行为认同,以及对自己行为选择的理解程度,该理论强调个体行为选择的自由性、行为执行的自主性、行为方式的自控性。自我决定理论将动机按自我决定程度的高低视作一个连续体,依据有机辩证元理论将动机由高至低依次分为内部动机、外部动机和无动机三种类型,其中,内部动机是高度自主的动机类型,代表了自我决定动机的原型,它与个体的兴趣、满足感等内部心理因素有关;外部动机是个体为获得某种可分离的结果而从事该活动的一种心理倾向,它受外部特定情境支配,是一种指向社会行为的产生结果,而不是为自身原因而采取行动的动机;无动机是最缺少自我决定的动机类型,是个体缺乏对社会行为或行为结果的认识和正确理解,无动机者没有任何外在的或内在的调节行为以确保活动正常进行①②③。

2.3.7 计划行为理论

计划行为理论(Theory of Planned Behavior)是体育领域使用最为广泛的理论之一,其本质是探究促进个人行为的因素的结构,它是在克服理性行为理论缺陷的基础上,又融合了多属性的态度模型而衍生出来的,它可以普遍预测和解释人们的行为,包含运动行为④。目前,计划行为理论被认为是一种可以分析人为什么会进行某种行为的社会认知理论,能够最广泛、最真实地解释大多数人的运动行为。

20世纪90年代,一些学者提出了计划行为理论,并广泛应用于心理、社会、体育等诸多领域。其中,研究发现,人们某些行为的产生和形成

①董宝林,张欢,陈敁,等.女学生课外锻炼动机与行为关系研究[J].体育文化导刊,2014(4):141-144.

②DECIE L,RYAN RM. Self－determination theory:A macrotheory of human motivation, development, and health [J]. Canadian Psychology, 2008(3): 182-185.

③RYAN RM, DECI E L. Self－determination theory and the facilitation of intrinsic motivation, social development, and well－being [J]. American Psychologist, 2000(1): 68-78.

④Fishbein M. An investigation of the relationship between beliefs about an object and the attitude toward that object[J]. Human Relations,1963(16):233-240.

可以通过计划行为理论进行解释[1][2][3][4][5]。因此，许多研究采用了计划行为理论作为解释人们运动行为的理论依据。该理论强调身体运动是自发的行为，主要是由态度所起的激励作用，充分考虑了父母、朋友的支持、社会规范等客观环境（主要表现在行为控制和主观规范两个方面）的作用。因此，在激励个人的体育运动之前，有必要培养个人正确的运动态度，建立必要的社会环境支持。计划行为理论是指行动意图受行动态度、主观规范和知觉控制这三个变量影响的，它是计划行动理论研究的核心内容。其中知觉控制直接影响个体为什么会从事或进行某种活动。当个体具有积极的行动态度时，其通常具有较高的主观规范和行动控制力，相应的行动意图就越强，执行特定行动的可能性就越高。用计划行为理论模型对体育锻炼行为来作解释，也就是说，个人对参与身体运动的认知越深，从身边重要的人那里感受到的鼓励和支持越大，知觉到的能力就越大，外部阻碍因素越小，那么人们进行体育锻炼的意图就越大，反之亦然。

计划行为理论具有解释和预测个人体育行为的重要能力。根据计划行为理论，个体的意向决定其从事或进行某种行为，而这种意向又通过其主观态度和感知等因素影响决定。

个人行为的产生由意图决定，意图由态度、主观认知和评价决定。因此，体育锻炼行为是由个体的体育动机和意图影响决定的，人们的体育动

①Kimiecik，J. C. Predicting vigorous physical activity of corporate employees：Comparing the theories of reasoned action and planned behavior[J]. Journal of Sport and Exercise Psychology，1992(2)：192-206.

②Courneya，K. S. ，Plonikoff，R. C. Hotz，S. B. ，&Birkett，N. J. Socialsupportandthetheory of plannedbehavior inthe exercise domain. American[J]. lournal of Health Behavior，2000(24)：300-309.

③Godin，G，. &Kok，C. The theory of planned behavior：A review of its applications to health－related behaviors[J]. American Journal of Health Promotion，1996(11)：87-98.

④Norman，P，Cormer，M，&Bell，R. The theory of planned behaviour and exercise：evidence for the moderating effect of past behaviour[J]. British Journal of Health Psychology，2000(5)：249-262.

⑤Nagger，M. S. ，Chatzisarantis. N. &Biddle，S. JH. The influence of self－efficacy and past behaviour on thephysical activity intentionsof young people[J]. Journal ofSports Sciences. 2001(19)：711-725.

机和意图又来源于其对体育的认知和价值观。董宇[①]指出,学生基于较好的体育态度和主观评价时,会激发其参与体育运动的热情,充分感受体育所展现的快乐,在这一过程中,人们产生对运动的依恋,进而更加执着于运动。因此,本研究在计划行为理论的基础上,进一步研究体育锻炼行为的产生过程。

2.3.8 自我增强理论

多种人格理论的提出造就了自我增强(Self－enhancement)理论,Taylor首先提出了这个理论。他指出,自我增强的内涵是人们为了在自我评价中获得更好的感觉而对自我认知产生错觉,表现为对过高的自我认知自信。因此,自我增强是对个人自我评价的一种高估。人们会更多地关注自己的优点,而选择忽略自己的缺点,这很容易让他们过度肯定自己。当个人处于相对积极的环境中,具备的自我增强感高时,通常会选择忽视自己的缺点,以一种非常自信的态度看待自己。当个体处于一个更消极的环境中时,自我增强感更强的个体更容易低估他人的能力和努力,从而突出自己更高的能力和努力。

自我增强理论的核心前提是人们渴望提高自我价值感和自尊。因此,人们会通过各种认知和行为寻求积极的评价和反馈,以提高自身的自我评价。自我增强理论提出,个体通过两种方式影响自己的认知和行为:一是避免关注自身的劣势,更多地关注自身的优势;二是在感知信息时,个体会选择更积极的方式来理解和接收信息,从而让自己看起来更好。

自我增强促使人们追求积极的自我形象[②],这对人的进一步提升自己具有积极影响。它是人们肯定自我的动机和来源,是维护自尊的重要手段,也是寻求积极自我评价的重要动机。自我增强理论的关键前提是,人们拥有渴望提升个体价值感、自身能力和积极身体的追求,在这一过程中,积极的自我肯定不断提高,消极的认知不断减少。

①董宇.浅谈影响学生参加体育锻炼的因素[J].教书育人,2010(09):50-51.
②刘肖岑,王立花,朱新筱.自我提升的含义与研究[J].山东师范大学学报(人文社会科学版),2006(03):145-148.

　　个人自我增强就是从积极的角度看待自己和自己的行为,不断激励自己,增强个人价值感。早在心理学研究中,人们就发现自我增强是人类生存的最基本目标之一。它的基本前提是基于"幸福原则",在这个原则中,核心是积极的自我观。因此,根据这一原则,作为享乐主义者的个人应该不断寻求改善自我评价的方法。正如 Sedikides[①] 指出的,自我提升最直接的结果是个人"能够有选择地感知或解释模糊信息,使个人看起来更成功、更有能力"所以,依据上述逻辑,我们推断个体对自身身体意象的积极认知,会使他们想要继续保持这样的身体形象,进而促进其体育锻炼行为,并且在这一过程中,人们对身体意象的满意感又会不断增强。因此,自我增强理论有助于解释这一心理过程,也由此引出本研究的核心前提。

2.3.9 自我效能理论

　　自我效能(Self—efficacy)理论是目前社会心理学领域广泛使用的理论框架之一。自我效能感是基于人们在从事或进行某种行为时,发自内心产生的对自己行为能力的一种肯定,以及在行为过程中是否顺利,是对自己的一种积极肯定。自我效能理论基于前人所提出的各种理论的基础上产生的,它将相关理论的缺点进行了弥补,并优化了理论结构,是对相关理论的完善和升级。班杜拉提出人们从事不同的行为都是基于一种对事情结果的期待以及对行为产生影响的期待。[②] 结果期待是指当个人从事某一行为时对产生某种结果的具体判断,对结果的预测可以被激活和选择。效能期待是指个人对能够执行特定行动的能力的判断,当个体认为自己具有较高的能力从事或进行某一行为时,就会产生较高的自信,而这种自信正是自我效能感的来源,并积极努力去完成活动。自我效能感是个人行为认知的媒介,在人们从事或进行某种行为时起到推动作用,可以决定个人在遇到困难时的努力和毅力的程度。

　　①Sedikides,C.,&Luke,M. On when self—enhancementand self—criticismfunction adaptively and maladaptively. InE. C. Chang (Ed.),Self—criticism and self—enhancement:Theory,research,and clinical implications. Washington,DC:APA Books. 2008:181-198.
　　②　班杜拉.思想和行为的社会基础社会认知论[M].林颖,王小明,胡谊,译.上海:华东师范大学出版社,2001.

自我效能理论是对"获得行动技能或知识的过程"和"输出或表达行动反应的过程"之间的每一个过程的理论说明。自我效能感在某种情境下,与个体自身所具备的能力无关,更多的是来自对自我的肯定和自信,以及自己学习所获得的能力是否有用。自我效能感是对与"习得无助感"(Sense of Learned Helpless)形成鲜明对比的自我生成能力的认识。自我效能感可以促进认知、社会和行动技能转化为实用能力,并使用调节技能执行的能力。有效的行动运作要求达到技术和自我效能感的协同。而自我效能感是人们在从事或进行某种行为时,对自己能成功达成预期目标的信念和信心,这是一种全面的自我肯定。班杜拉提出,自我效能感可以为人们带来肯定、激励和情绪功能,积极推动人们从事或进行某种行为,进而对人们完成某一行为具有持续的推动力。①

自我效能理论展示了人们从事某一行为的过程中,事情的结果可以显著影响行为本身,并对行为产生激励作用,并且这种激励并不是来源于人们的认知、态度、行动被动地受外界环境等诸多因素的影响,而是个人的意识、态度、行动思维概念、情绪调节等主观方面的控制。自我效能感是促使人们参与和坚持体育活动的主要动机因素,班杜拉认为,自我效能感高的人能够设定更高的运动目标,即使面对困难,也能很好地执行体育参与。自我效能感作为个体认知评价与体育锻炼行为之间的重要中介变量,其积极推动人们坚持从事或进行体育行为,并且进一步提高人们的运动参与感。因此,自我效能理论在体育锻炼行为的研究中起着重要的作用。

2.4 儿童体育锻炼行为培育变革与发展

2.4.1 古代时期的儿童体育锻炼行为

在古代文明中,儿童体育锻炼不仅是身体健康的重要组成部分,也是

---

① 班杜拉.思想和行为的社会基础社会认知论[M].林颖,王小明,胡谊,译.上海:华东师范大学出版社,2001.

文化传承、社会教育和军事准备的一部分。

2.4.1.1 古代文明中对儿童体育的重视和培育方式

在古代文明中,许多社会都认识到体育锻炼对儿童发展的重要性,并采取了多种方式来培养儿童的体育能力。

在中国古代,尤其是在春秋战国时期,贵族子弟从小就接受严格的武术训练,如射箭和骑马。这不仅是为了身体健康,更是为了在未来能够为国家效力。孔子在《论语》中也提到,儿童应当参与"射""御"等活动,以增强体质和培养礼仪。

在古希腊,尤其是斯巴达,儿童从小就接受军事化的体育训练。男孩在7岁时被送入公共教育体系,进行严格的体能训练,如跑步、摔跤和投掷标枪。这不仅培养了他们的体力,还锻炼了他们的意志力和团队合作精神。

古罗马的儿童也参与多种体育活动,如游泳、跑步和摔跤。罗马人认为,良好的体质是公民的重要素质之一,因此体育锻炼在教育中占有重要地位。

2.4.1.2 不同文化背景下的儿童体育活动特点

不同文化背景下,儿童体育活动有着各自的特点,这些特点反映了各个社会的价值观和生活方式。

在中国,儿童体育活动不仅包括武术和射箭,还包括传统游戏,如踢毽子和放风筝。这些活动不仅增强了体质,还促进了儿童的智力发展和团队合作。

希腊的儿童体育活动更注重竞技性和竞技精神。奥林匹克运动会的起源就是古希腊的体育竞赛,许多儿童从小就开始参加各种竞技项目,追求个人荣誉和身体极限。

美洲土著儿童的体育活动多与自然环境相结合,如赛跑、游泳等。这些活动不仅是生存技能的训练,也是文化传承的一部分,体现了人与自然和谐共处的理念。

2.4.1.3 儿童体育在古代社会中的社会功能和意义

健康与生存:在缺乏现代医疗条件的古代社会,良好的体质是抵御疾病和增强生存能力的基础。儿童通过体育锻炼,能够提高身体素质,增强免疫力。

教育与道德培养:体育锻炼在古代不仅是身体的训练,也是精神和道德的培养。通过体育活动,儿童学会了坚持、勇敢、合作和公平竞争的精神,这些都是社会所推崇的重要品质。

军事准备:在许多古代社会,体育锻炼是军事准备的重要部分。通过从小进行体能和战斗技能的训练,儿童能够在成年后成为优秀的战士,为国家的安全和扩张贡献力量。

社会融合与文化传承:体育活动是社会互动的重要方式之一,通过参与集体活动,儿童能够建立友谊、融入社区,并学习和传承本民族的文化传统和价值观。

2.4.2 近代时期的儿童体育锻炼行为变革

近代时期,儿童体育锻炼行为发生了深刻的变革,这主要受到了工业化、现代化以及教育制度变革的影响。

2.4.2.1 工业化和现代化对儿童体育的影响

随着社会的工业化和现代化进程,人们的生活方式发生了巨大变化。儿童日常生活更多围绕在室内,体力劳动大幅减少,体育锻炼的时间和机会也相应减少。同时,学校教育也更加注重知识灌输,体育教育相对而言被忽视。这种情况引起了教育界和社会各界的关注,他们开始反思儿童过于注重学习,缺乏体育锻炼的弊端。

2.4.2.2 教育制度变革对儿童体育的影响

随着教育理念的更新,教育制度也发生了相应的变革。一些先进的教育理念,如"全面发展""注重个性培养"等,都强调了体育教育在儿童成长中的重要性。这些理念的实施,使得体育教育在学校教育中的地位和作用得到了重视和提升。同时,政府也出台了一系列政策,加强了学校体育教育的建设,为儿童提供了更多的体育锻炼机会。

2.4.2.3 体育教育理念和方法的变化

随着社会的发展,人们对儿童体育教育的认知也发生了变化。从重视身体素质训练,转向更加注重儿童的全面发展。体育教育也从单一的技能训练,转向更加注重培养儿童的兴趣爱好、团队协作精神等。同时,体育教育方法也日趋多样化,注重因材施教,激发儿童的主动性和创造性。

总之,近代时期儿童体育锻炼行为的变革,体现了社会进步和教育理念更新的结果。这一变革不仅丰富了儿童的生活,也为他们的全面发展奠定了良好的基础。

2.4.3 现代时期的儿童体育锻炼行为发展

随着社会的进步和科技的发展,儿童体育锻炼行为在当代社会中面临着多样化和复杂化的挑战与机遇。本文将探讨现代社会背景下的儿童体育发展现状、科技进步对儿童体育活动的影响,以及儿童体育行为培育的新趋势和挑战。

2.4.3.1 当代社会背景下的儿童体育发展现状

在当代社会中,随着人们对健康意识的提升,儿童体育锻炼越来越受到重视。许多国家和地区在教育体系中加强了体育课程的设置,提倡儿童积极参与体育活动。然而,随着城市化进程的加快和学业负担的增加,一些地区的儿童体育锻炼时间逐渐减少,导致儿童缺乏足够的体育运动机会。

2.4.3.2 科技进步对儿童体育活动的影响

科技进步在一定程度上改变了儿童的体育活动模式。电子游戏、智能手机和社交媒体的普及使得许多儿童更倾向于室内的静态娱乐活动,而非户外的体育运动。虚拟现实技术和增强现实技术的引入,虽然为体育教育提供了新的教学手段,但也面临着儿童过度依赖电子产品和缺乏体育锻炼的风险。

2.4.3.3 儿童体育行为培育的新趋势和挑战

在培育儿童体育行为方面,出现了一些新的趋势和挑战。多样化的体育项目和课外活动提供了更多选择,帮助儿童发展多方面的体能和技能。然而,家庭环境、学校教育以及社会认知对体育锻炼的态度仍然是影响儿童体育行为发展的关键因素。如何在日益数字化和快节奏的生活中找到平衡,激发儿童对体育运动的兴趣,成为当前儿童体育教育亟需解决的问题。

综上所述,当前的儿童体育锻炼行为发展面临着多方面的挑战和机遇。通过全面分析当前的社会背景、科技进步对体育活动的影响以及新兴的教育趋势,可以更好地理解和应对儿童体育行为发展中的挑战。

3　儿童体育锻炼行为培育的作用机制

3.1　身体健康层面的作用机制

3.1.1 力量素质

3.1.1.1 力量素质训练概述

（1）力量素质释义

力量素质是指人体神经肌肉系统在工作时,克服或对抗阻力的能力。肌肉工作所克服的阻力包括外部阻力和内部阻力,外部阻力如物体重量、摩擦力以及空气的阻力等,内部阻力如肌肉的黏滞性和各肌肉间的对抗力。力量是各种素质的基础,是取得优异成绩的关键。

（2）力量素质的分类

根据力量素质与运动项目的关系,可分为一般力量与专项力量;根据力量素质与体重的关系,可分为绝对力量和相对力量;根据完成不同体育活动所需力量素质的不同特点,可分为最大力量、快速力量和力量耐力。下面针对运动实践的需要,主要针对最大力量、快速力量（含爆发力）、力量耐力进行阐述。

最大力量是指肌肉通过最大随意收缩克服阻力时所表现出来的最高力值。

快速力量是指肌肉快速发挥力量的能力,是力量与速度的有机结合。在日常训练中,常常使用"爆发力"一词,爆发力是快速力量的一种表现形式,是指张力已经开始增加的肌肉以较快的速度克服阻力的能力。

力量耐力是指肌肉长时间克服阻力的能力。

（3）力量训练负荷量度的表述方法

力量训练的负荷由负荷强度和负荷量两个部分构成。具体的表现形式有重量、次数、组数、间歇时间等，其中，重量和间歇时间属于负荷强度指标；重复次数和组数为负荷量度指标。

负荷强度是指负荷对身体刺激的强烈程度。在力量素质训练中，负荷强度主要受负重重量、动作速度和间歇时间三个因素影响。在其他负荷形式相同的情况下，负重重量越大，对机体的刺激越强烈，负荷强度就越大；间歇时间越短对机体的刺激越强烈，负荷强度就越大；动作速度越快，对机体的刺激越强烈，负荷强度就越大。

负荷量是负荷对身体刺激的量的大小，力量素质训练负荷量由练习次数和练习组数组成。在其他负荷形式相同的情况下，练习次数和组数越多，负荷量越大。

在运动实践中，负重重量的表述经常采用重量法、极限重量百分比法、最大重复次数法以及分级法来确定负荷强度。

重量法：即用所克服阻力的重量（kg）来表示负荷强度的方法。

最大重复次数法：即用某一重量的最大重复次数（RM）来表示负荷强度的方法。

极限重量百分比法：即用极限重量的百分比（%）来表示负荷强度的方法，极限重量就是本人所能克服的最大重量。

分级法：即将负荷强度分成若干级次来表述负荷强度的方法。

以上表示方法在运动实践中是互相联系的。分级法是对负荷强度的定性表述，其他三种方法是对负荷强度的定量表述；重量法是对负荷强度绝对值的表示方法；其他三种方法是对负荷强度相对值的表示方法。例如，同一负荷重量——50公斤卧推，A最多能做起1次，B最多能做起5次，C最多能做起10次。那么，用重量法来表示，"50千克"的强度对于三个人是相同的；用最大重复次数来表示，三人的负荷强度分别是1RM、5RM、10RM；用极限重量百分比法来表示，其负荷强度分别是95%～

100％、85％～90％、70％～75％；用分级法来表示，其负荷强度分别是极限重量、大重量、中等重量。

一般来讲，将本人所能克服的最大负荷视为最大强度，即 100％的负荷强度，这样的负荷强度，练习者仅能重复一次。力量素质训练的练习重复次数与负荷的强度有很大关系，通常以 50％的负荷强度为 20RM，每减少或增加 5％的强度，重复次数可增加或减少 2 次。我们以 100 千克为某人最大深蹲负荷为例，来对照三种方法的关系，具体如表 3-1 所示。

表 3-1　负重强度表示法与练习次数对照表

分级法	重量法（kg）	极限重量百分比法	最大重复次数法	有效练习次数
最大重量	100	100％	1RM	1
	90	90％	4RM	2～3
	85	85％	6RM	3～5
大重量	80	80％	8RM	4～6
	70	70％	12RM	6～10
中等重量	60	60％	16RM	8～13
	50	50％	20RM	10～16
小重量	40	40％	24RM	10～20
	30	30％	28RM	10～28
	20	20％	32RM	10～30

另外，最大重复次数法是衡量负荷强度的表达，并不是实际练习次数的依据。为了保证整体练习质量，每组练习并不一定要求做到力竭为止。一般练习中，重复次数以最大重复次数的 50％～80％为宜，既达到有效负荷刺激，又不影响下一组练习的质量，以提高整体量度的刺激效果。

3.1.1.2 力量素质训练的原则与负荷运用的基本要求

（1）力量素质训练的主要原则

均衡发展性：在安排力量训练计划时，要保持全身肌肉力量的均衡发展。既要保持躯干和四肢的均衡，又要保持协同肌以及对抗肌的均衡，使机体整体均衡发展。这有助于发展肌肉之间的相互协调配合关系，有助于减少肌肉的运动性伤害。

超量负荷:超量负荷是所有力量训练的基础。要增强肌肉的力量,必须对肌肉施加超量负荷,使肌肉产生更强适应。练习者在某一力量训练负荷产生适应的基础上,增加训练负荷以加大对机体的刺激,从而产生更高水平的适应。一般情况下,先增加练习的负荷量,然后增加练习的负荷强度。提高负荷量可以通过增加每组练习的次数,增加训练组数来实现;提高负荷强度可以通过增加每次练习的重量、提高动作速度、缩短每组练习之间的休息时间等手段来实现。

合理顺序:在安排练习内容的顺序时,一般遵循先大后小的原则,即先大重量后小重量、先大关节后小关节的顺序。

循序渐进:承受超负荷训练后,肌肉的力量和耐力水平都会得到提高。一般来说,针对个人情况进行3～4周的合理训练后,肌肉力量就会获得明显的增长。如果在训练过程中,不是循序渐进地增加肌肉负荷,负荷没有与肌力的增长保持一致,肌力就不会最大限度地获得增进。在一组练习中,能够按正确动作完成所要求的重复上限而肌肉并未疲劳,则说明应增加负荷。一般每次增加的负荷约为原负荷的5%,最多不超过10%。以此类推,循序渐进。

合理恢复:同一肌群每次力量训练后的恢复时间至少为48小时,这是由于力量训练后需要足够的时间进行恢复才能产生适应。如果参与训练的肌群每天不同,且保证同一肌群在两次训练之间至少有48小时的恢复时间,这样就可以每天进行力量训练了。如,每周的一、三、五安排下肢力量训练,则二、四、六可安排上肢力量训练。同理,在一次训练中,每组之间的恢复安排也是非常重要的。每组之间的恢复时间在一定程度上取决于该次训练课的强度,一般每组之间的恢复时间为30～180秒。

多样性:力量训练所面临的挑战主要是如何保持运动员在训练中的热情和兴趣。枯燥单调的力量训练会令人厌倦乏味,因此,力量训练采用不同器械、多种训练方法以及改变练习的量和强度等,可以使训练变得丰富多彩,也会使训练获得较好的训练效果。应对运动员实施周期性的不同训练方法,但也应避免频繁的整套方法的更换。这是因为运动员如果没有足够的时间对训练产生适应,或没有见到力量素质的改善,则有可能丧失训练的信心。

与其他素质协调发展:

第一,为了提高人体整体运动能力和减少运动损伤,力量素质的提高必须与其他体能素质和器官机能协调发展,尤其关节、韧带以及肌腱组织机能的提高,是肌肉力量更高效发挥作用和减少损伤的保证。另外,关节、韧带和肌腱组织的适应相对于肌肉组织的适应过程更长一些。因此,在力量素质训练的同时,一定要加强这些方面的练习,防止力量素质增长过快而关节、韧带和肌腱组织功能相对薄弱,造成不必要的运动损伤。

第二,力量练习与速度练习相结合。适量的力量训练(包括各种跳跃练习)安排在速度练习之前,可以提高大脑皮层兴奋性,负荷量较大的力量训练安排在速度练习之后。这是因为大负荷练习后,大脑皮层的兴奋会受到一定程度的抑制,从而减少大脑皮层兴奋的冲动。冲动的减少,必然使速度练习受到影响。为此,速度与力量练习相结合,必须注意负荷量的变化和顺序安排。

第三,力量与跳跃练习相结合。可有效地增强肌力,提高肌肉的弹力和肌群间的协调性,在一定程度上还可防止力量素质增强而使协调能力下降等弊病。

第四,力量与柔韧、灵敏性练习相结合。可有效地增强关节灵活性,改善神经系统对肌肉的协调能力,提高肌肉的放松能力和协作能力。

(2)力量素质训练负荷运用的基本要求

最大力量训练:最大力量的增长主要有两个途径,一是依靠肌肉协调能力的改善;二是增大肌肉体积,基本要求是:

负荷强度:以最大重量和大重量为主(85%～100%;70%～85%)。

重复次数与组数:重复练习的次数和组数与负荷强度有很大关系,负荷强度大,重复练习次数就少,反之就多。最大重量的练习重复次数为1～5次为宜,大重量的练习次数为6～8次为宜。一次训练课可安排10～12组的练习,练习速度不宜过快。

间隙时间:组间间隙时间以完全恢复为准,一般每组间隙时间为 3～5 分钟,组间休息时可让队员做一些轻微的放松活动。

相对力量训练:相对力量的提高主要是依靠肌肉协调功能来实现的,其基本要求是:

负荷强度:以最大重量为主,通过增强肌肉协调功能,动员肌肉中更多的运动单位参加工作。

重复次数与组数:重复 1～5 次,由于每组练习的次数少,每组的组数可以适当增多,可安排 10～15 组练习,练习动作应是连贯、爆发式的,注意力要高度集中,避免受伤。

间隙时间:每组练习后,都应有足够的时间休息,通常可安排 3～4 分钟的间隙时间。休息过程中,一方面可做些轻微的放松活动,另一方面要保持神经的兴奋性,以利于下一组的练习。

快速力量训练:快速力量是肌肉快速发挥力量的能力,是力量与速度的有机结合。其基本要求是:

负荷强度:要适宜,采用中等重量和小重量(50%～70%;20%～50%),这样可兼顾力量和速度两个因素,并要求队员尽量体会最大用力感和速度感。一般中等重量的负荷侧重于爆发力;而小重量练习更侧重于较小阻力下的速度素质。

重复次数与组数:练习重复次数不可过多,必须确保队员以爆发式的方式完成动作,一般每组可重复 5～10 次。练习的组数可视队员具体情况而定,其原则是在不降低速度的情况下,完成最后一组练习,通常可安排 3～6 组,练习动作应尽可能地协调流畅。

间隙时间:发展速度力量的间隙时间可充分些,组间休息 2～3 分钟,但不可过长,否则容易使练习者运动兴奋性下降,不利于下组练习。

力量耐力训练:兼有力量和耐力的双重特点,既要求肌肉具有较大的力量,又要求肌肉能够长时间地工作。

负荷强度:采用小重量进行练习,通常可采用 20%～40% 的负荷强度。

重复次数与组数:一般每组可重复 30～100 次,通常可安排 3～6 组。

间隙时间:间隙时间的长短由练习的持续时间和参加工作肌肉的多少而定,也可由心率控制时间,当心率恢复到 110～120 次/分时,便可进行下一组练习。

塑形为主的肌肉训练:

第一,增加肌肉体积的训练。

负荷强度:以大重量和中等重量为主(50%～60%;70%～85%)。

重复次数与组数:大重量的练习次数为 6～8 次为宜。中等重量以 8～12 次为宜。一次训练课可安排 10～12 组的练习。

练习要求:速度较慢,体会全程用力(主动用力和被动用力),并与呼吸配合,集中意念体会肌肉的"用力感"。

间隙时间:组间间隙时间以完全恢复为准,一般每组间隙时间为 3～5 分钟,组间休息时可让队员做一些轻微的放松活动。

另外,以塑形为主的肌肉练习形式一般具有较强的针对性,在很多练习中,要求所训练肌肉的相邻关节位置固定,以避免身体其他部位参与用力,在练习过程中不可借助身体的摆动和肌肉的反弹用力。例如,持铃臂屈伸练习训练肱二头肌时,肩关节和肘关节应当处于稳定位置,以减少其他部位参与运动,仅仅依靠肱二头肌收缩使前臂弯曲。

第二,突出肌肉线条的训练。

负荷强度:以中等重量为主(50%～60%)。

重复次数与组数:中等重量以 8～12 次为宜。一次训练课可安排 10～12 组的练习。

练习要求:速度适中,注意紧张与放松的动作节奏,主动用力,与呼吸配合。

间隙时间:组间间隙时间以完全恢复为准,一般每组间隙时间为 3～5 分钟,组间休息时可让队员做一些轻微的放松活动。

第三,减肥为主的力量练习。

负荷强度:采用小重量或不负重进行练习,通常可采用 20%～40%

及以下的负荷强度。

重复次数与组数：一般每组可重复 30～100 次，通常可安排 3～6 组。

间隙时间：间隙时间的长短由练习的持续时间和参加工作肌肉的多少而定，也可由心率控制时间，当心率恢复到 110～120 次/分时，便可进行下一组练习。

3.1.1.3 力量素质训练的方法与手段

(1)力量素质训练的主要方法

第一，动力性训练：可分为向心克制性及离心退让性两类工作形式。

向心克制性工作：肌肉在做动力性向心克制性工作时，肌肉长度逐渐缩短，所产生的张力随着关节角度的变化而改变。因此，练习时根据专项运动的需要，掌握好发挥最大肌力的关节角度，可产生事半功倍的训练效果。

离心退让性工作：实验表明，肌肉做离心收缩时所产生的张力比肌肉做向心收缩时所产生的张力大 40%。由此，人们利用离心收缩的原理创造了"退让训练法"。肌肉退让性工作是指肌肉在紧张状态中逐渐被外力拉长的工作。例如，用杠铃做的两臂弯举中，当臂部积极用力将杠铃往上举起后，再进行回降动作慢慢地将杠铃放下。与向心力量训练相比，退让性训练能克服更大阻力，更有效地发展"制动力量"，这是因为离心收缩能动员更多的运动单位参与工作。做离心收缩练习时，动作要慢，所需时间应比向心收缩的时间长一倍左右。

第二，静力性训练：在身体固定姿态下，肢体环节固定，肌肉长度不变，改变张力克服阻力的练习方法，称之为静力性等长收缩训练。

肌肉做静力性收缩时，可以动员更多的肌纤维参与工作，表现出的力量大，力量增长也快，能节省训练时间。但是由于肌肉紧张，血管封闭，肌肉中血液循环可发生不同程度的暂时中断，因而工作不能持久。

完成静力练习时常常"憋气"，"憋气"有利于发挥出最大力量，但是，运动员"憋气"时间过长，会使胸内压升高，肺的血液循环恶化，从而可导致脑贫血，产生休克。因此，在练习前应先做几次深呼吸，并应注意控制

"憋气"的时间。一次训练课的静力练习时间不宜过长,每次训练5～14分钟即可。静力练习应与动力练习结合起来,可按照1:5的比例安排练习。

第三,等动收缩训练:等动收缩训练由美国李斯特尔等人于1967年创立。等动力量训练在特制的等动练习器上进行,练习时,肢体动作速度保持不变,肌肉始终发挥较大张力完成练习。等动练习集等长(静力性力量)和等张(动力性力量)之所长于一身,有利于最大力量的增长。

第四,超等长训练:超等长练习时,先使肌肉做离心收缩,然后接着做向心收缩,利用肌肉的弹性,通过牵张反射,加大肌肉收缩的力量。如,跳深等练习。

超等长练习与其他力量练习相比,更接近比赛时人体的运动形式,肌肉发力突然,技术结构相似,传递速度快,因而可收到更好的训练效果。

完成超等长练习时,肌肉最终收缩力量的大小,主要是由肌肉在离心收缩中被拉长的速度快慢所决定,而不单纯是由肌肉被拉长的长度决定的,肌肉被拉长速度的快慢比被拉长的长度更为重要。

第五循环训练:发展力量耐力训练可将几个训练手段编组循环进行。如手握轻杠铃片(哑铃)做双臂前后绕环+摆臂+肋木举腿+连续跳绳+手扶肋木腰弓起+连续快速摆髋+快速轻杠铃卧推+连续快速半蹲起+向前跨步跳。这样做可使上下肢、前后肌群和大小肌群的用力搭配在一起,一次可做3～5组,组与组之间可以慢跑作为间歇。

(2)力量素质训练的主要手段

负重抗阻练习:可运用杠铃、壶铃、哑铃等训练器械。

对抗性练习:可双人顶、推、拉等,依靠对抗双方以短暂的静力作用发展力量素质。

克服弹性物体的练习:可使用拉力器、拉橡皮带等,依靠弹性物体变形而产生的阻力发展力量素质。

利用力量训练器械练习:利用力量训练器械,可以使身体处在各种不同的姿势(或坐、或卧、或立)进行练习,直接发展运动员所需要的肌肉力量,使训练更有针对性。利用力量训练器,还可以减轻运动员的心理负担,避免伤害事故的发生。

克服外部环境阻力的练习:如沙地和草地跑、跳练习等。

克服自身体重的练习:如引体向上、倒立推起、纵跳等。

(3)几种杠铃练习的动作要领介绍

第一,抓举。

练习目的:发展下肢蹬伸、腰背、肩臂和全身协调力量。

动作要领:两脚间距离约同髋宽,两脚尖自然分开,双脚靠近杠铃杆站立,采用"宽握"方式握铃;由伸膝带动下的提臀和升肩提铃至膝关节高度后,随即伸髋展体,同时膝关节弯曲,两臂下垂将杠铃提至大腿上三分之一处(此阶段简称伸髋引膝阶段)时,快速蹬腿和伸髋,身体充分伸展,与此同时耸肩、提肘使杠铃贴近身体向上加速运动,随着杠铃的惯性上升,两臂迅速向头顶上方甩直,同时身体迅速下蹲支撑杠铃(可采用下蹲和弓箭步两种方式),然后起身站立。

练习要求:全身协调用力,注意用力顺序和用力时机。

第二,挺举。

练习目的:发展下肢蹬伸、腰背、肩臂和全身协调力量。

动作要领:预备姿势与抓举的预备姿势基本相同,唯握距比抓举窄;发力要领基本与抓举相同;在发力后,迅速分腿下蹲,将杠铃翻至胸上,快而及时地转肘能将杠铃平稳地置于锁骨和两肩上,借下蹲的反弹起身站立(可采用下蹲和弓箭步两种方式);随后通过预蹲和借助蹬伸的力量上挺杠铃,起身站立完成动作。

练习要求:全身协调用力,注意用力顺序和用力时机。

第三,高翻。

练习目的:发展腿部和背部肌群的力量。

动作要领:双脚间距约与肩宽,双脚靠近杠铃站立,双手约以一肩半间距握杠铃。下蹲至大腿与地面垂直,抬头、直背。直立起身体并向肩部提拉杠铃,翻肩、翻肘,将杠铃固定在胸上部。下降杠铃恢复开始姿势。

重复练习,上提时吸气,下放时呼气。

练习要求:充分发挥腰背和腿部协调用力。

第四,负重深蹲。

练习目的:提高大腿和臀部肌群力量。

动作要领:肩负杠铃,双手扶在肩两侧的杠铃上,双脚与肩同宽站立,抬头、直背,下蹲至大腿与地面平行的姿势。抬头、伸背、伸髋、蹬膝站起。向下运动时吸气,向上运动时呼气,重复练习。

练习要求:练习过程中始终保持腰背挺直,双膝不要分开太大。

第五,负重半蹲跳。

练习目的:提高髋、膝、踝关节协调用力和下肢快速力量。

动作要领:肩负杠铃,双手扶在肩两侧的杠铃上,双脚与肩同宽、平行站立,抬头、直背,下蹲至大腿与小腿成 90～140 度。快速蹬伸髋、膝、踝关节跳起,落地缓冲成开始姿势,重复练习。

练习要求:缓冲要柔和,借助落地反弹快速蹬伸,负荷不宜过大,以免脊柱等关节负荷过大造成损伤。

第六,负重弓箭步。

练习目的:发展大腿前部和后部肌群。

动作要领:直立肩负杠铃,抬头、直背,双手扶于肩两侧的杠铃上,蹬伸左腿,同时右腿向前迈一大步,大腿接近与地面平行。右腿蹬伸,同时收、摆左腿向前迈一大步,重复练习。

练习要求:腰背挺直,蹬摆配合。

第七,推举跳。

练习目的:发展全身协调用力和上肢伸展肌群的快速力量。

动作要领:蹬腿伸背,同时上挺杠铃,落地成平行或前后开立,同时杠铃下落于胸前,下落吸气,上挺呼气,重复练习。

练习要求:全身协调快速用力。

第八,体前屈提铃。

练习目的:发展背阔肌和肱二头肌。

动作要领:上体前屈、双臂下垂持铃于体前,双腿开立比肩稍宽,屈臂提铃,沿膝、腿向上至胸腹前,上提时吸气,下放时呼气,重复练习。

练习要求:梗头收下颚、肩后张。

3.1.1.4 儿童力量素质训练的注意事项

(1)把握规律,科学训练

8岁以后,男女力量开始显现差别。男孩绝对力量自然增长的敏感期为11~13岁,而后,绝对力量增长速度缓慢,到25岁左右最大。女孩10~13岁绝对力量增长速度很快,三年内总的绝对力量提高46%,13~15岁绝对力量增长速度下降,15~16岁回升,16岁以后再度下降,到20岁左右基本上能够达到本人的最大力量。

在儿童时期,速度力量的发展比绝对力量发展得快一些、早一些。7~13岁是速度力量发展的敏感期,13岁以后男孩增长得比女孩快。

力量耐力的自然发展趋势较为稳定,男孩7~17岁基本上呈直线上升趋势,女孩13岁以后增长速度缓慢,14~15岁甚至出现下降。

(2)控制训练强度,加强力量耐力训练

儿童骨骼系统中软组织多,骨组织内的水分和有机物较多,无机盐少,骨骼弹性好,不易折断,但坚固性差,易弯曲。因此,儿童不宜进行大强度训练。在此期间应多做发展力量耐力的训练,通过小负荷,特别是克服自身体重的练习(如做俯卧撑、仰卧起坐、反复下蹲等练习),使全身肌肉力量得到发展,增加肌肉中毛细血管和肌红蛋白的数量,改进输氧功能。

(3)动静结合,以动为主

儿童的力量训练应以动力练习为主,少用或不用静力性练习,特别要尽量避免出现"憋气"动作,以免因胸内压的突然变化而影响心脏的正常发育。

(4)适时结合,全面发展

儿童的力量训练,不要过早强调与专项运动技术相结合,应着重身体全面发展的力量训练。

3.1.2 **速度素质**

3.1.2.1 速度素质训练概述

(1)速度素质释义

速度素质是指人体快速运动的能力,包括人体快速完成动作的能力、对外界信号刺激快速反应的能力和快速位移的能力。

(2)速度素质的分类

速度素质包括反应速度、动作速度和移动速度。

反应速度是指人体对各种信号刺激(声、光、电等)快速应答的能力。

动作速度是指人体或人体某部位快速完成某个动作的能力,动作速度是技术动作不可缺少的要素,表现为人体完成某一技术动作时的挥摆速度、击打速度、蹬伸速度和踢踹速度等。此外,还包含连续完成单个动作时,在单位时间里重复次数的多少(即动作频率)。

移动速度是指人体在特定方向上位移的速度,以单位时间内机体移动的距离为评定指标。从运动学上讲,是距离与通过该距离所用的时间之比。在体育运动中,常常是以人体通过固定距离所用的时间来表示。一名具有良好移动速度能力的运动员,并不一定也具有良好的反应速度。

(3)速度素质训练负荷运用的基本要求

第一,速度训练的负荷强度。

速度素质训练采用的强度要根据实际情况区别对待。较低强度的速度练习可以安排在学习技术、准备活动中进行;高强度的速度练习需要一定的准备过程。

发展速度能力的练习负荷,在开始阶段一般安排最大强度的75%左右,在这个较高的强度及限定时间的练习中,练习者能够学会调节和保持动作的正确节奏,然后运动强度逐渐提高到100%。

第二,速度训练的负荷量。

负荷量和强度之间存在相应的关系。如果练习的负荷强度达到最大,那么,负荷的量就达不到最大。

反应速度训练的负荷量不宜过大,这是因为反应速度训练必须保持极高的注意力,随着练习次数的增加,注意力下降,练习效果就会降低。同时,练习者持续保持注意力能力的提高,是增加训练负荷量的前提。

动作速度训练的持续练习时间以不超过 6～10 秒为宜,重复组数以动作速度不出现明显降低为准。

快速跑的距离一般为 20～60 米,不要超过 80 米。距离越长,重复跑的次数相应地减少。重复次数同样以不出现明显的速度降低为准。

采取完全恢复方式,以保证练习质量,但时间也不宜过长,避免造成身体机能和兴奋度的降低而影响练习效果。

3.1.2.2 速度素质训练的方法与手段

(1)反应速度训练

人们通常通过测定人体对信号刺激做出反应所需的时间,来评定运动员反应速度的好坏。人体对不同种类的信号的反应时间是不同的,因此,往往根据不同项目的不同特点,测定个体对特定信号的反应速度。如短跑、游泳等竞速项目,运动员主要接受听觉信号而开始竞技;而乒乓球选手则主要接受视觉信号而做出技战术反应。对反应时的评定,可以通过实验室的精密仪器加以测量与评定,也可以用简易的方法进行测量与评定。

第一,反应速度训练常用的方法。

信号刺激法。利用突然发出的信号,提高运动员对简单信号的反应能力。

运动感觉法。运用运动感觉法一般要经过三个阶段:第一阶段是让练习者以最快的速度对某一个信号做出应答反应,然后教练员把所花费的时间告诉练习者;第二阶段先让练习者自己估计出应答反应花费了多少时间,然后教练员再将其与实际所用的时间进行比较,目的在于提高运动员对时间感觉的准确性;第三阶段是教练员要求运动员按事先所规定的时间去完成某一反应的练习,这种练习可以提高运动员对时间判断的能力,促进反应速度提高。

移动目标的练习。运动员对移动目标能迅速地做出应答,一般要经过看(或听)到目标移动所发出的信号、判断目标移动的方位及速度、练习者选择自己的行动(应答)方案和实现行动方案四个步骤。其中,判断目标的移动方位及速度的准确性与否,会导致所选择行动方案的正误,因此,这是训练的重点。随着训练水平的提高,在目标移动的设计上可以加大难度,如提高目标移动速度、缩短目标与运动员之间的距离等。

选择性练习。具体做法是随着各信号复杂程度的变化,让练习者做出相反的应答动作。例如,指导者喊"蹲下"的同时做下蹲动作,练习者则站立不动;或指导者喊"一、二、三、四"中某一个数字时,运动员应及时做出相应(事先规定)的动作等。

第二,反应速度训练应注意的问题。

反应速度由神经反射通路的传导速度所决定,基本属于纯生理过程,不受其他因素影响。纯生理过程的提高是相当困难的,很大程度上取决于遗传因素。通过训练,可以使运动员潜在的反应速度能力表现出来并趋于稳定。

要求运动员注意力集中。在训练中,运动员注意力集中与否效果是不一样的。运动员注意力集中,可以使神经系统处于适宜的兴奋状态,使肌肉处于紧张待发状态,此时,肌肉的反应速度比处于松弛状态时提高60%左右。当然,这种紧张待发状态必须有时间的限制。一般来说,适宜的时间为1.5秒左右,最多不能超过8秒。把注意力集中在完成的动作上,效果为好,可缩短潜伏时间。因此,短跑运动员在起跑"预备"动作时,两脚要紧压起跑器,把思想集中于准备迅速迈出第一步上。

反应速度的提高,在很大程度上取决于运动员对信号应答反应的动作熟练程度。如果动作熟练,信号一出现,就会立刻做出相应的反应动作。在进行反应速度的训练时,还要经常改变刺激因素的强度和信号发出的时间等。

(2)动作速度训练

因为动作速度寓于某一个技术动作之中(如抓举的动作速度、起跳的动作速度、游泳转身的动作速度等等),所以,动作速度的测量是与技术参数测定联系在一起的(如测出手速度、起跳速度、角速度、加速度等等)。此外,可以通过连续多次完成同一动作,测定出平均动作速度。

第一,提高动作速度常用的方法与手段。

降低动作难度的练习。动作速度训练可以通过降低动作难度来提高动作速度,包括简化动作过程、减小动作阻力、减少动作次数等方法。例如,短跑训练中的原地快速摆腿练习、摆臂练习;投掷项目中的轻器械训练等。

利用助力练习。在动作速度练习中,利用外界自然条件的助力和人为因素的助力来发展动作速度。外界自然条件的助力是指利用风的方向或水的流向,如自行车运动员顺风骑、速滑运动员顺风滑、短跑运动员顺风跑和游泳运动员顺水游等。这种方法对提高动作速率既经济又有效。人工因素的助力可分为机械助力和人为助力,机械助力是由专门机械代替设备的牵引形成的,如摩托车的牵引、牵引机的牵引等。人为助力是教练员或他人直接或间接施加给运动员顺运动方向的力,帮助运动员提高动作速率或完成某一技术环节的动作速度。如短跑项目一带一、快带慢的牵引跑;体操教练员直接给予运动员助力,帮助其提高动作速度。不论是哪一种助力形式,运用时都应循序渐进。以提高动作速率为主的练习,助力应逐渐加大;以提高单个动作为主的练习,助力应逐渐减小。

利用"后效作用"练习。利用动作加速和器械重量变化而获得的后效作用来提高动作速度。如在跳高训练中,先穿沙背心或沙袋进行负重跳,可获得重量减轻后的后效作用;在推标准铅球之前,可先用加重铅球做练习,而获得重量减轻后的后效作用。这是由于在第一次动作完成后,神经中枢剩余的兴奋在随后动作过程中仍然保持着运动指令,从而可以大幅缩短动作进行的时间,提高动作速度。但是,这种后效作用的产生取决于负荷的大小和随后减轻的情况,以及练习重量的重复次数和不同重量的练习交换次数与比例。例如,用增加重量的铅球练习后,再用标准重量的铅球进行练习,两者合理比例应为 1∶2 到 1∶3。而在用标准重量铅球练习后,再进行减轻重量的铅球练习,两者比例应为 1∶1。在同一堂课中,把三种重量的速度练习组合在一起,顺序安排应是加重—标准—减轻。

缩小练习活动空间与时间。通过缩小练习完成的空间与时间界限,用特定的要求来促使动作速度的提高。如球类小场地快速完成练习。因为运动中动作速度表现的平均水平和快速动作的完成,在相当程度上受专项活动持续时间和活动场地等影响。因此,在动作速度的练习中,限制练习的时间、空间条件,使运动员以最大速度完成动作,从而提高训练效果。

第二,动作速度训练应注意的问题。

提高动作速度应与掌握和保持正确的技术动作紧密地结合在一起。

专门性的动作速度训练与专项比赛动作要求相一致,如在短距离跑训练中采用的专门性练习、小步跑、高抬腿跑等、在游泳训练中运动员专门转身等,都应对动作速度提出严格的要求。在使用反复做某一个规定动作(如两腿快速交替练习)为手段发展练习者的动作速度时,应合理地变换练习的速度;将最高速度与变换速度的练习结合起来,把相对固定(有规格的)的速度练习与变化(无规格的)的速度练习结合起来,并要避免动作速度稳定在同一个水平,力争让运动员超过平时的最高速度。

动作速度训练中,练习的持续时间一般不宜过长,一般不应超过 20 秒。这是因为动作速度练习强度较大,要求运动员的兴奋性要高。

练习之间的间歇时间是由练习的强度所决定的。练习强度大,需要的间歇时间就应长些。但也不要间歇时间过长,过长会使练习者神经兴奋性下降,不利于用"剩余兴奋"去指挥后边的练习。如持续时间 5 秒、强度达到 95% 以上的练习,间歇时间以 30～90 秒为宜。

(3)移动速度训练

移动速度的评定手段常采用短距离跑。一般距离不要过长,可用 30～60 米的距离。最好采取行进间的计时方法,从而剔除起跑和加速跑能力的因素影响。此外,测试应当在被测者兴奋性高的状态下进行。测试可以进行 2～3 次,取最佳成绩。

第一,提高移动速度的常用方法与手段。

发展最高移动速度,每次练习的持续时间不能过长,使每次练习均以高能磷酸代谢为主要供能途径,一般应控制在 20 秒以内。多采用 85％～95％的负荷强度,练习的重复次数不应过多,以免训练强度下降。间歇时间的长短,应能使机体得到相对充分的恢复,以保证下一次练习的进行。休息时,可以采用放松慢跑,做伸展练习。

各种爆发力量素质练习。

高频率的专门性练习,如高抬腿跑、小步跑、后蹬跑,车轮跑等。

降低动作难度、幅度和阻力的跑步练习,如下坡跑、顺风跑、小于正常步长的快速跑、牵引跑、托重物跑等。

增加动作难度、幅度和阻力的跑步练习,如上坡跑、逆风跑、大于正常步长的快速跑、牵引跑等。

用特定的场、地器材进行加速练习,如骑固定自行车、听节拍器。

各种变换形式的快速跑练习,如接力跑、追逐跑、变速跑、规定成绩跑等多种练习形式,以提高练习兴趣和练习效果。

第二,移动速度训练应注意的问题。

移动速度训练有两个基本途径:一是力量训练,使练习者力量增长,进而提高速度;二是反复进行专项练习。在训练实践中,练习者力量得到提高,并不意味着移动速度马上可以提高,有时当力量训练负荷减小以后,移动速度才有提高,这种现象叫"延迟性转化"。

速度训练一般强调,训练前必须进行充分的准备活动,训练后保证充分的休息和身体恢复。

移动速度能力的提高要与其他体能素质协调发展,如快速力量、协调性、动作速度等的提高都有助于移动速度的提升。

3.1.2.3 儿童速度训练的注意事项

根据儿童生长发育、训练及项目特点,速度训练应注意以下方面:

(1)速度素质训练的时机

速度素质训练应在练习者兴奋性高、情绪饱满、运动欲极强的情况下进行,一般应安排在训练课的前半部分。

(2)速度素质与其他身体能力协同发展

速度素质与力量、灵敏等素质密切联系,与运动技术特点和掌握熟练程度密切相关,因此,速度素质的提高必须与其他体能素质和技能水平协同发展。

(3)速度素质训练应结合运动项目要求进行

如对短跑的反应速度训练,应着重提高运动员听觉的反应能力;对足球运动则应着重提高运动员的视觉反应能力;对体操运动应着重提高运动员皮肤感觉的反应能力。对不同信号的反应中,触觉反应最快、听觉反应次之、视觉反应较慢。

(4)要注意提高放松能力

反应速度、动作速度和移动速度三种速度素质的提高,有赖于身体放松能力的提高和在工作时保持适宜的神经兴奋水平。

(5)注意预防和正确消除"速度障碍"

速度提高到一定程度时,常会出现进展停滞、难以提高的现象,称为"速度障碍"。产生速度障碍的客观原因是,由于技能动力定型的形成,技术动作的空间、时间特征都趋于稳定。为了预防和消除这种情况,可以采取的措施有:全面提高各种身体素质;训练手段多样化(如让练习者尝试以不同的节奏和频率来完成动作);可以借助施加外力的练习以打破已有的速度结构(如牵引跑、上坡跑、下坡跑、逆风跑、顺风跑、限制步幅跑等练习)。

3.1.3 耐力素质

3.1.3.1 耐力素质训练概述

(1)耐力素质释义

耐力素质是指有机体坚持长时间运动的能力。许多运动项目都要持续较长或很长的时间,要在整个运动过程中保持特定的运动强度或动作质量,就必须具备良好的耐力素质,就必须具备与在持续运动过程中不断积累和加深的疲劳作斗争的能力。

疲劳是生理现象,是有机体自我保护的反应。训练会导致机体疲劳,疲劳的产生则限制着有机体继续承受训练负荷。

对于体能主导类耐力性项目来说,耐力素质的发展水平对运动员的专项竞技水平起着主导的作用。对其他项目来说,良好的耐力素质则有助于运动员更好地克服疲劳,承受更大的训练负荷,提高训练效果,并在比赛中取得更好的成绩。

(2)耐力素质分类

第一,按人体的生理系统分类。

耐力素质可以分为肌肉耐力和心血管耐力。

肌肉耐力也称为力量耐力。

心血管耐力又分为有氧耐力和无氧耐力。

有氧耐力是指机体在氧气供应比较充足的情况下,能坚持长时间工作的能力。有氧耐力训练的目的,在于提高运动员机体吸收、输送和利用氧气的能力,促进有机体的新陈代谢。

无氧耐力也叫速度耐力,它是指机体以无氧代谢为主要供能形式,坚持较长时间工作的能力。无氧耐力又分为磷酸原代谢供能的无氧耐力和糖酵解代谢供能的无氧耐力。在无氧代谢供能的肌肉活动中磷酸肌酸分解供能,不产生乳酸,叫磷酸原代谢供能。机体处在这种状态下,坚持较长时间工作的能力,称为磷胶原代谢供能的无氧耐力。在无氧代谢供能的肌肉活动中,糖酵解供能,产生乳酸。机体处在这种状态下,坚持长时间工作的能力,称为糖酵解代谢供能的无氧耐力。

第二,依据耐力素质对专项的影响。

耐力素质可分为一般耐力和专项耐力。一般耐力是指对提高专项运动成绩起间接作用的基础性耐力;专项耐力是指与提高专项运动成绩有直接关系的耐力,具体地讲,是指持续完成专项动作或接近比赛动作的耐力。

(3)耐力素质训练的基本要求

第一,重视呼吸能力的培养。

耐力训练中要十分注意呼吸问题。呼吸提供长时间工作所必需的氧气,机体是通过提高呼吸频率和加深呼吸深度来吸取氧气的。一般来说,没有参加过训练的人在长时间工作过程中,主要以加快呼吸的频率来满足机体对氧气的需要,而高水平运动员则主要以加大呼吸的深度来改善氧气的供给。

在运动训练中,进行中等负荷耐力训练时,就会出现耗氧量与氧的供给量之间的不一致,在大负荷时,其不一致的程度就更为明显。可见,培养呼吸能力是十分必要的。在耐力训练时,应加强用鼻呼吸能力的培养。从卫生角度来看,鼻腔有黏膜,可以净化空气,也可以使氧气缓和一下再吸入气管,这样就会减少尘埃并避免冷气直接进入肺部。但是,游泳运动员多是用嘴呼吸,在训练中应加以区别。

对所有运动项目都应加强呼吸节奏与动作节奏协调一致的训练,呼吸节奏紊乱,就会使动作节奏遭到破坏,从而影响运动成绩。

第二,加强意志品质的培养。

意志品质在耐力训练中所起的作用是很重要的,意志坚强者比意志薄弱者耐力表现好得多,在耐力素质训练中必须注意对意志品质的培养。温度过高、气压过低,对一个人的耐力也会产生较大的影响,对抗这些不利因素也需要运动员有坚强的意志品质。

3.1.3.2 开展耐力素质训练的方法和手段

(1)有氧耐力的训练方法

第一,持续训练法。

负荷强度。采用持续训练法发展有氧耐力的训练,强度相对较小,心率可以控制在 145～170 次/分。这个训练强度对提高运动员的心脏功能尤为有效,对改进肌肉的供血能力、改进肌肉直接吸氧能力也有特殊意义。有氧耐力训练的适宜心率可通过公式来计算:适宜心率＝安静心率＋(最大心率—安静心率)×(60％～70％)。据研究,心率控制在这个水平线上,机体的吸氧量可达到最大值的 80％左右,心输出量增加,促进骨骼肌、心肌中的毛细血管增生。如果超过这个界限,在 170 次/分以上,机体就要产生氧债,使训练效应发生变化。如果低于这个界限,在 145 次/分以下,心输出量达不到较大值,同时吸进的氧气也少,则会影响训练的效果。

负荷数量。发展有氧耐力训练的时间不能少于 20 分钟。练习初可安排较小的负荷量,随着机能水平的提高,逐渐增加负荷量。

工作方式。运用持续训练法发展运动员的有氧耐力工作方式很多。例如,中长跑运动员可采用如下方式:

匀速持续跑。心率控制在 150 次/分左右,时间持续在 1 小时以上,这种练习节省体力,效果好。

越野跑。工作时间为 0.5～2 小时,跑的速度可匀速亦可变速。在自然环境中练习,可以提高运动员的兴趣,有利于推迟疲劳的产生。

变速跑。为发展运动员的有氧耐力水平,可广泛使用变速跑,变速跑可以提高运动员对比赛的适应能力。负荷强度可从较小强度(心率 130～145 次/分)提高到较大强度(心率达 170～180 次/分),持续时间在半小时以上。

法特莱克跑。法特莱克跑有利于提高运动员训练的兴奋性,吸进更多的新鲜氧气,推迟疲劳的出现。骑行距离约 100～150 公里,时速为 30 公里/小时,心率在 110～160 次/分。中间做 5 分钟的快骑,心率为 160 次/分;5 分钟慢骑,心率为 110 次/分。

第二,间歇训练法。

负荷强度。采用间歇训练法发展有氧耐力。在工作进行中,心率可达 170～180 次/分,如果工作距离长,心率就会低于这个数值。

负荷量。间歇训练中分段练习的负荷量常用距离(米)和时间(秒)两个指标表示。依时间指标来表示,持续工作时间不超过 2 分钟,少则仅有几秒钟。这是因为,间歇训练法工作的强度大,一次练习的持续时间,不可能过长,否则会导致训练效应的改变。

间歇时间。运用间歇训练法必须严格控制间歇时间。一般要求机体尚未充分恢复、心率恢复到 120 次/分时,就要进行下一次练习。

休息方式。运用间歇训练法两次(组)练习之间应进行积极性的休息,以利于恢复。

练习的持续时间。运用间歇训练法练习,所需持续时间较长,有时需半小时以上,时间过短则难以取得理想的训练效果。

第三,循环练习。

要选好练习内容,应以训练心血管耐力的练习为主要手段,每站点的练习负荷,可按极限负荷的三分之一左右安排。

第四,游戏练习。

游戏练习适用于儿童训练,负荷强度以心率为 $140\sim150$ 次/分为宜,运动时间在 20 分钟以上。

(2)糖酵解供能的无氧耐力训练

第一,负荷强度。

提高糖酵解无氧代谢供能的无氧耐力训练,应当使运动员机体处于糖酵解供能状态,其强度为 $80\%\sim90\%$。

发展糖酵解无氧代谢供能的无氧耐力训练,一次练习的持续时间为 $1\sim2$ 分钟。若以跑为训练手段时,其距离应控制在 $300m\sim800m$,一般 $400m$ 为宜;若以游泳为训练手段时,其游程可控制在 $100m\sim200m$。

第二,重复练习的次数与组数。

每组练习的重复次数不必过多,$3\sim4$ 次即可,以保持必要的训练强度。

练习的重复组数应视练习者训练水平而定。一般来说,水平低的新手重复组数少,$2\sim3$ 组即可;对训练有素的运动员可以安排 $3\sim5$ 组。确定练习重复组数的基本原则:使运动员在最后一组基本能保持所规定的负荷强度,而不应下降得过多。

第三,间歇时间。

发展糖酵解无氧代谢供能的无氧耐力练习,间歇时间安排有两种做法:一种是每次练习间歇时间以恒定不变的方式安排,如每次练习之间休息 4 分钟。另一种是采取逐渐缩短时间的方式安排,如,第一、二次之间间歇 $6\sim5$ 分钟,第二、三次之间间歇 $3\sim4$ 分钟,第三、四次之间间歇 $4\sim3$ 分钟,这样做有利于使体内乳酸堆积,达到较高值。

间歇时间的确定又受负荷量和强度的影响,距离长、强度大,间歇时间就长;距离短、强度小,间歇时间就短。组间的间歇时间一般要长于组内的间歇时间,以利于恢复。

(3)专项耐力训练常用的方法和手段

第一,体能主导类快速力量性项目的耐力训练。

体能主导类快速力量性项目的专项耐力,主要表现为以最大强度重复完成完整比赛动作的能力。如,优秀撑竿跳高运动员要在长达数小时的比赛中多次越过 5m 以上的横杆;标枪选手要力求在六次试投中都达到理想的远度;举重选手则试图在三次试举中,一次比一次举起更重的杠铃。因此,其发展专项耐力的训练内容、手段应以多次重复完成比赛动作或接近比赛要求的专项练习为主。在实践中,优秀运动员多采用极限或极限下强度完成此类练习。

第二,体能主导类周期竞速项目的耐力训练。

体能主导类周期竞速项目有耐力性和速度性两个项群。耐力性项目要求用尽可能高的平均速度通过全程。除了超长距离以外,专项耐力的重要供能形式为糖酵解无氧代谢供能,其主要训练方法为大强度的间歇训练法及比赛训练法。其负荷的主要特征为:

采用超乳酸阈强度直至在较短段落中超比赛强度进行训练。

中距离运动员训练课负荷总量达到比赛距离的 3～6 倍,长距离为 1～3 倍。

两次练习之间的间歇相对略长。采用大强度间歇训练时,应待心率恢复到 120～150 次/分时再次练习,进行重复训练时则要求恢复到不超过 120 次/分。

练习采用的段落长度,中距离为比赛距离的 1/4～3/4;长距离亦不超过 3/4,但常采用比 1/4 专项距离短的练习段落。如长跑选手常采用 400 米段落进行间歇训练。

速度性项目的主要供能形式为磷酸原无氧代谢供能,多采用 1/2 至全程段落练习,负荷总量为比赛距离的 3～10 倍,负荷强度为 95%～100%。

第三,技能主导类表现性项群的耐力训练。

技能主导表现性项目的专项耐力,表现为以最佳技术重复完成完整比赛动作的能力,因此,在赛前训练中,必须多次完成成套练习或 1/2 套以上的练习。如,优秀体操选手在一次训练课中可完成 30～50 套完整练习。

第四,技能主导类对抗性项目的耐力训练。

技能主导类对抗性项目比赛时间较长,要求运动员能在整个比赛过程中持续表现出最佳技能和体能。因此,训练中要注意安排长时间的专项对抗练习或专项练习。有时甚至安排超过正式比赛时间或局数的训练,如排球打七局四胜(正式比赛五局三胜)、摔跤训练比赛持续 6 分钟(正式比赛时间为 5 分钟)等。

3.1.3.3 儿童耐力训练的注意事项

(1)掌握儿童耐力自然发展的趋势,以便科学地安排耐力训练

儿童耐力素质是随着年龄的增长而逐渐提高的。例如:进行 3 分钟的活动测定,9 岁儿童的耐力只能达到成人的 40%,12 岁时达到成人的 65%,15 岁时便可达到成人的 92% 了。

一般来说,女孩 9 岁时,耐力提高的速度较快;12 岁时,耐力再次提高;当她们进入性成熟后第二年(14 岁起)耐力水平将逐年下降。15～16 岁时,耐力水平下降得最多。男孩在 10 岁、13 岁和 16 岁时,耐力素质有大幅度的提高。

(2)儿童耐力训练必须以有氧耐力训练为主

过早地进行无氧耐力训练,会严重地影响到他们循环系统未来的功能水平。此外,从生理上讲,儿童血红蛋白、肌红蛋白含量较成年人少,无氧代谢能力贮备不足,酸中毒现象要靠心血管系统补偿来消除,因此,无氧代谢能力的发展受到限制。

一般来说,青春发育期开始以后进行无氧耐力训练为好。从优秀中长跑运动员的成长过程分析,他们系统从事专项耐力训练要经过 8～10 年甚至更长的时间。近几届奥运会中长跑优胜者,一般男子为 26～29 岁,女子为 24 岁。以此推算,他们开始从事专项耐力训练的时间为男子 14～16 岁,女子 13～14 岁。

（3）儿童进行耐力训练的内容手段应是多种多样的

不应只局限于长跑的练习，还可以选用活动性游戏、球类运动、骑自行车、滑冰、登山和循环练习等。

（4）耐力训练的方法

儿童进行耐力训练的基本方法为持续训练法，此外，还可用法特莱克式的变速跑等。如果使用间歇训练法，应以小强度的间歇法为主，强度控制在 30％～60％。练习总时间为 20 分钟左右；练习与休息时间的比例可按 1：1 安排。随着年龄的增长，到 15 岁以后可以使用较大强度的间歇训练法，强度可达 50％以上。

3.1.4 灵敏素质

3.1.4.1.灵敏素质训练概述

（1）灵敏素质释义

灵敏素质是指在各种突然变换的条件下，运动员能够迅速、准确、协调地改变身体运动的空间位置和运动方向，以适应变化着的外部环境的能力。衡量灵敏素质的标志：在各种复杂变换的条件下，能够迅速、准确、协调地做出应答动作。这就要求运动员须具有良好的判断能力及反应速度，要求随机完成的应答动作在空间、时间以及用力特征上相互吻合，相互协调。

评定灵敏素质的方法很多。如，立卧撑测试、象限跳测试、滑步倒跑测试、十字变向跑及综合性障碍等测试。

（2）灵敏素质的分类

灵敏素质可以分为一般灵敏素质和专门灵敏素质，一般灵敏素质是指在完成各种复杂动作时所表现出来的适应变化着的外环境的能力。专门灵敏素质是指根据各运动项目的需要，与专项技术有密切关系的，以及适应变化着的外部环境的能力。

3.1.4.2 灵敏素质训练的基本要求

发展灵敏素质主要采用变换训练法。训练强度一般较大，速度较快，练习次数不宜过多。训练时间不宜过长,因为机体疲劳,力量就会下降、速度变慢、反应迟钝,不利于灵敏素质的发展。每次练习之间应有足够的休息时间,以保障氧气的补充和肌肉中高能物质的再合成;但休息时间过长,又会使神经系统的兴奋性下降,一般地讲,练习时间与休息时间可为 1∶3。

3.1.4.3 提高灵敏素质的方法与手段

(1)迅速改变方向的练习。如在跑、跳中做迅速改变方向的练习,包括各种跑、躲闪、突然起动以及各种快速急停和迅速转体练习等。

(2)非常规姿势完成的练习。如侧向或倒退跳远、跳深等。

(3)限制完成动作空间的练习。如在缩小的球类运动场地进行练习。

(4)改变完成动作的速度或速率的练习。如变换动作频率或逐步增加动作的频率。

(5)听信号或看手势急跑、急停、转身、变换方向的练习。如采用站立式、背向、蹲、坐、俯卧等姿势,向不同方向位起动练习。

(6)各种游戏。如猜拳踩脚、打手背、推手、围圈打猴、木头人、贴人等游戏。

(7)脚步移动练习。如前后、左右、交叉步的快速移动;左右侧滑步、跨跳步的移动。

(8)体操技巧练习。如前滚翻、后滚翻、侧滚翻、前手翻、头手翻、后手翻、团身后空翻等。

(9)球类项目练习。如篮球、足球、乒乓球等。

3.1.4.4 提高灵敏素质的方法与手段

(1)抓住发展灵敏素质的最佳时机

灵敏素质的生理学基础是在中枢神经系统指挥下,将身体各种能力,包括力量、速度、协调、柔韧等综合地表现出来。神经系统是人体发育最早和最快的系统,儿童具有较优越发展神经系统的条件。如 7~12 岁孩子具有较好的反应能力,6~12 岁孩子节奏感较好,7~11 岁孩子具有良好的空间定向能力等等。这些都为发展灵敏素质提供了良好的条件。女子进入青春期,由于体重增加,内分泌系统发生了变化,会影响到灵敏素质的训练与表现。

(2)合理安排灵敏训练的时间,确保训练效果最优化

灵敏训练一般安排在训练课的前半部分进行,此时体力充沛、精神饱满。在进行灵敏素质训练时,应采用各种手段,消除运动员的恐惧心理或紧张状态,以保证训练取得良好的效果。

3.1.5 协调素质

3.1.5.1 协调素质训练概述

(1)协调素质释义

协调素质指身体作用肌群的时机正确、动作方向及速度恰当,平衡稳定且有韵律性。在各项体能中,协调性训练可以说是最困难的。因为影响协调性的因素除了遗传、运动员心理个性以外,还有肌力与肌耐力、技术动作娴熟程度、速度与速度耐力的关系、身体重心平衡、动作韵律性与节奏、肌肉放松与收缩,甚至还有柔软度等。

(2)协调素质的分类

协调素质分为一般协调素质和专门协调素质。一般协调素质是指人在各种活动中,合理、准确、熟练地完成各种动作的能力,它是专项协调素质发展的基础。专门协调素质是指专项运动所需要的特殊协调性,它是掌握专项运动技术必不可少的重要条件。

3.1.5.2 协调性训练基本要求

发展协调性素质。训练强度不宜过大,练习难度逐渐提高,训练时间不宜过长,机体的疲劳不利于协调素质的发展,每次练习之间应有足够的休息时间。

3.1.5.3 协调性训练的主要方法与手段

(1)通过不习惯动作进行各种身体练习。如弱势手的投篮或运球练习;弱势腿的起跳练习等。

（2）反向完成动作。如后退跑、跳等练习。

（3）改变已习惯动作的速度与节奏。如改变步幅的跑步练习、变速跑、快速投篮练习等。

（4）创造性地改变完成动作方式。如通过各种运动方式通过各种障碍的跑、跳练习。

（5）采用不习惯的组合动作。如体操练习中变换动作连接顺序。

（6）改变动作空间范围。如改变练习场地大小、限制或加大步幅的跑跳练习。

（7）利用各种器械或自然环境做各种较复杂练习。如撑杆跳、跳山羊、攀爬、呼啦圈等练习。

（8）适时用信号或有条件的刺激练习。如按不同节拍完成各种动作的练习。

（9）其他运动项目练习。如体操技巧、球类、舞蹈、韵律操等项目练习。

3.1.5.4 儿童协调性训练的注意事项

（1）克服不合理的肌肉紧张，提高肌肉放松能力

主要方法有：向运动员讲明肌肉放松对提高协调能力作用；用稳定性练习使运动员解除紧张的心理状态；利用“自我暗示”方法，使肌肉放松；采用各种放松的专门性练习；可采用按摩、热水疗法等。

（2）考虑运动员的年龄特征

协调能力是人体各种能力的综合表现，它受平衡、节奏、反应能力、空间定位能力等影响，而这些能力的提高是随着生物学年龄的增长而提高的，但在各种年龄段中提高的程度是不同的。6～14 岁是协调能力发展的最好时机；13～16 岁，即在青春发育期开始后的几年中，由于心理及机体内分泌腺产生急剧的变化，其协调能力的发展也表现得不稳定；16～19 岁，协调能力的发展速度受到很大的限制，甚至处于停滞状态。

（3）根据专项需要发展专门的协调能力

动作过程中协调能力具有正确性、快速性、合理性、应变性等多种特

征,在进入专项训练阶段的运动员进行协调能力训练时,应根据专项的要求,着重发展具有专项特征的协调能力。此时,协调能力的培养应多结合专项身体素质和技术、战术训练进行,使协调能力的发展适应专项运动的需要,满足提高专项成绩的要求。

(4)全面发展儿童的协调能力

对处在基础训练阶段的儿童运动员,应较全面地发展他们的各种协调能力,以便为将来专项技术全面的发展打下良好基础。

3.1.6 平衡素质

3.1.6.1 平衡素质训练概述

(1)平衡素质释义

平衡素质指人体保持某种稳定的状态的能力,是人体处在一种稳定状态下,不论处在何种位置运动或受到外力作用时,都能自动调整并维持姿势的能力。如,当人体重心垂线偏离稳定的支持面时,能立即通过主动的或反射性的活动使重心垂线返回到稳定的支持面内。

平衡能力是人体维持日常活动的保证,平衡能力练习能培养良好的身体姿态,发展前庭器官的功能,提高自信心和生存能力。平衡能力缺失或水平较低,会给生活带来巨大的障碍。同时,平衡能力也是体育运动的基本能力之一。不同的运动项目,所需的平衡能力不尽相同。对于很多技能类项目来说,提升和保持运动成绩,有赖于平衡能力的提高和保持(体操的平衡木、吊环等项目);而对于更多的运动项目,平衡能力是提高和保持运动水平的基础和保障(柔道、速滑、三级跳远、铁饼、舞蹈、射箭、射击等项目)。

(2)平衡素质的分类

平衡素质可分为静态平衡素质和动态平衡素质。静态平衡素质是指人体在无外力的作用下,保持某一姿势,自身能控制身体平衡的能力,主要依赖于肌肉的等长收缩及关节两侧肌肉协同收缩来完成。动态平衡素质是在外力作用于人体或身体的原有平衡被破坏后,人体需要不断地调整自己的姿势来维持新的平衡的一种能力,主要依赖肌肉的等张收缩来完成。

3.1.6.2 平衡素质训练的基本要求

身体平衡控制主要包括三个环节:感觉输入、中枢整合与运动控制。基本过程是由视觉、内耳前庭、本体感觉输入而知道重心位置及外界环境的关系,经感觉输入后由中枢神经系统整合处理,再将信息传至踝、膝、髋的下肢关节,以及躯干关节与上肢来控制身体的活动以维持姿势的稳定和平衡。其中,本体感觉在感觉输入环节起着重要作用。在中枢系统中,小脑主要负责动作整合以及决定反应模式,而周边神经以及骨骼肌肉系统则用以实际执行任务,这些都是维持平衡缺一不可的要素。因此,平衡素质训练中应当同时注重感觉输入、中枢整合和运动控制能力的统一。

在练习时要注意循序渐进,逐步提高练习者平衡素质,在实践中可采取:从最稳定的体位通过训练逐步进展至最不稳定的体位;从静态平衡进展至动态平衡;支撑面积由大到小)身体重心由低到高;自我保持平衡到破坏平衡时维持训练;训练时由睁眼到闭眼,另外,平衡素质训练的内容选择,应当注意练习形式和练习负荷要与运动项目互相吻合或接近。

3.1.6.3 平衡素质训练方法与手段

(1)原地身体平衡练习

1)单脚支撑站立。练习难度根据练习者实际情况逐渐加大,可先睁眼练习,然后到闭眼练习;也可进行上肢先自由活动的练习,然后进行限制上肢和另一侧下肢活动的练习;练习时间逐渐延长。另外也可以进行不同身体姿势的单脚支撑练习,如燕式平衡等。

2)不同支撑面的单脚支撑站立。练习方法同上,为了提高肌肉力量和平衡能力,可根据专项要求,转换不同的支撑面,如斜面站立、硬体弧面站立、弹力弧面站立。

3)单手单腿前摸脚面。单腿站立,站立腿的膝关节保持微微弯曲,收紧腹部,背部挺直,头部处于中立位置。对侧手臂伸出向上伸直(即为左脚单脚站立,相应伸直右臂),整个躯干慢慢向下,去触摸站立腿的腿面。

然后身体抬起,回到开始位置即可。每次单侧完成 10～12 次。

4)单脚躯干左右侧屈。将身体重心移到左脚上,右脚慢慢抬离地面,双手在躯干两侧伸直打开,躯干向左边侧屈,直到手臂垂直地面为宜,但不要接触地面。呼气,慢慢返回至初始位置,每次每侧进行 10～12 次。

5)健身球平衡练习。身体可采用俯卧、仰卧或跪撑在健身球上等不同形式,保持身体平衡的练习,练习时间逐渐延长。

6)倒立练习。练习形式可采用肩肘倒立、头手倒立、贴墙手倒立、手倒立等形式,练习难度随形式不同逐渐加大,练习时间逐渐延长。

(2)运动中的平衡练习

1)单腿原地纵跳。单腿全脚掌着地。躯干挺直,单腿用力向上跳起,落地时仍单脚落地,保持躯干的稳定。每次单脚跳 10～12 次。

2)单足跳平衡练习。向不同方向的单足跳,要求落地后保持身体稳定 3～5 秒后继续下一次练习,每次单脚跳 10～12 次。练习可进行单一方向练习,如连续向前或向侧方的单足跳平衡练习,也可根据情况选择不同方向的复合练习,比如采取按前、后、左、右顺序循环练习的方式练习。跳跃距离亦可逐渐加大,来提高训练强度和训练效果。

3)跨步跳平衡练习。练习要求同上,练习形式由单足跳变换为跨步跳练习。

4)纵跳旋转平衡练习。双脚站立,用力向上纵跳并转体 360°,双脚落地保持身体稳定。

5)转体单足、跨步跳。向前做单足跳或跨步跳并转体 90°～180°,单脚落地并保持身体稳定。也可变化不同方向的练习。

6)手倒立练习。手倒立姿势进行向前、后、左、右行走或跳跃练习,以及转体练习。

7)平衡木练习。在平衡木上进行走、跑、跳、转、翻等练习。

8)体操运动的各种结束动作练习。

3.1.6.4 儿童平衡素质训练的注意事项

(1)把握好发展平衡能力的最佳时机

儿童通常在 7 岁以后,才有整合视觉、本体感觉与前庭觉的平衡控制能力。3岁以前,主要依靠视觉系统维持平衡;4～6岁,开始整合其他感觉信息,互相配合来维持平衡;7～10岁,虽然身体仍在继续快速发育,但是平衡能力已经发展到较高水平。因此,发展平衡能力应当把握4～10岁这一发展敏感期,促进儿童平衡能力的优质发展。

(2)优先发展感知觉能力

如上所述,儿童4～6岁时,整合感知觉信息的能力迅速发展,随着年龄的进一步增长,肌肉力量的提高,运动控制能力进一步提高。因此,在身体平衡控制的各环节中,感知觉应当处于优先发展的位置。

(3)对练习方法进行加工,以适合学生特点

在对儿童进行平衡能力训练时,应当对现有的练习方法进行改进加工,以适合儿童的心理发育特点,避免单一、枯燥的练习形式。我们可以通过情景化、游戏化、环境设置等方法,将单调的练习形式变得丰富多彩。

(4)切实做好安全防范

由于儿童的平衡能力正处于发展阶段,同时,心理上表现为注意力不集中、安全防范意识较低等,因此,教师应当切实做好安全防范措施。(如注意器材场地的布置,增强教师的安全意识,采取得当的保护方法)。

3.2　心理健康层面的作用机制

3.2.1 个性

3.2.1.1 体育游戏对儿童个性发展的影响

体育游戏也被称为活动性游戏,是以提高儿童参加锻炼的积极性为目的的一种体育教学方法。将体育游戏引入儿童教育有两方面的原因。一方面是因为儿童也需要多锻炼,体育游戏能够提高儿童参与正确锻炼的积极性,能够有效加强儿童的体质,另一方面则是由于体育游戏自身的规则性与对儿童个性发展的促进作用。

(1)体育游戏的娱乐性与竞争性能够培养儿童的阳光心态鲁迅曾经说过"游戏是儿童最正当的行为,玩具是儿童的天使。",在儿童的意识里

他是活在当下的,最想要的就是能够达到及时满足,而体育游戏作为活动性游戏其娱乐性以及趣味性就能够满足这一点①。体育运动是以体育项目为基础创造出来的多人配合类游戏,这种游戏能够让儿童在参与时感觉到乐趣。而且儿童的天性就是活泼好动的,采用体育游戏能够很好地符合儿童这一天性,儿童在参与体育游戏时会因其对游戏的喜爱而集中自己的注意力,其在参加体育游戏时的心理是愉悦的,是放松的,在这样的心理影响下儿童看问题的角度也会是积极正向的。教师可以利用体育游戏的娱乐性与趣味性对儿童心理的正向引导,来培养儿童的阳光心态,教师若能够抓住时机在儿童集中注意力进行游戏时对儿童表现好的予以肯定与鼓励,就会培养其儿童强大的自信心。

好胜心也是儿童天性的一种,未接受正面引导的儿童会为了赢过他人而选择耍赖等不正确的行为,这些行为在静态的游戏中很难被发现,只有在竞争性的游戏中容易出现,而竞争性正是体育游戏的一大特点,教师带领儿童进行竞争类的体育游戏并且在儿童出现错误的竞争行为时予以正确的指导,能够帮助儿童初步形成正确的竞争观,以积极正确地面对胜负,也能够很好地培养儿童的阳光心态。

(2)通过体育游戏教师能够及时发现儿童的个性问题

体育游戏是需要儿童集中注意力去完成的一个游戏,为了在游戏中获得满足感与成就感,儿童会主动地将自己的注意力集中在游戏的过程上,并且儿童的年龄小,没有明确的是非观,在做游戏的过程中心理负担也会降到最小,不会完全隐藏自身的想法,而是会在游戏中将自己认为可以运用在游戏中的手段以及态度都表现出来,就像对待游戏的态度、对待朋友的态度等一系列优点与缺点都会直接暴露出来②。此时教师只要认真观察就能够发现每名儿童的个性特点,在了解到儿童的个性特点与其意识观念存在的问题后,教师一方面可以在游戏过程中指出问题所在,让儿童在接下来的游戏中有意识地进行改正。另一方面教师也可以在总结

---

①赵洪朋,冯琰,刘兴,曹梅.体育游戏促进儿童身心健康的研究[J].辽宁体育科技,2018(03):109-113.

②李莉.体育游戏对学前儿童社会性影响的研究[J].科技资讯,2016(34):159-160+162.

或者其他教学活动中有针对性地进行教育,促使儿童的个性能够向着健康的方向发展。

(3)体育游戏能够培养儿童的规则意识与集体意识

游戏对于儿童来说是极具吸引力的,根据游戏人数划分分为单人益智类游戏以及多人合作类游戏,对于儿童来说后者要比前者更加有趣,也会促使儿童投入更多的注意力。体育游戏就属于多人合作游戏的一种。由于目前基本上一个家庭就只有一个孩子,儿童鲜少有机会接触群体,那么相应地儿童的个性就会较为自我,集体意识弱。将体育游戏引入儿童教学中,首先要能够提供给儿童参与集体活动的机会,在参与体育游戏时儿童就能够意识到独木难支,了解到集体的重要性,从而有效培养儿童的集体意识,此时教师在进行引导,教导儿童在集体中应该如何处事,要服从集体的安排才能够获得更大的成功,这样才能够帮助儿童摆脱以自我为中心的错误观念。从单纯的利己心态转变为会为他人考虑的心态,有助于儿童未来参与集体生活甚至步入社会时受到他人的喜爱,促使儿童的个性品质向友好、善良的方面发展。

规则性是体育游戏的又一大特征,儿童在尚未形成规则意识,但规则意识却是儿童必须具备的。人类作为群居性物种整个大社会本身就是依靠规则来维系的,即使儿童再小其作为社会群体的一部分也要具备规则意识,在平常的生活中虽然处处有规则,但是并不能够让儿童意识到规则的重要性。但是通过体育游戏则能够潜移默化地培养儿童的规则意识。

(4)体育游戏能够有效解决儿童心理发展的矛盾

高尔基曾经说过"游戏是儿童认识世界的途径",学龄期的儿童已经具备了一定的独立性,有了简单的思维能力,对周围的事物都会产生强烈的好奇心理。对父母以及教师等群体存在强烈的依赖感和崇拜感,也因此儿童对成人的世界十分好奇,十分希望能够参与到成人的活动之中,让父母、教师注意到自己。但是儿童年龄小、认知水平存在一定的局限性使得儿童不能够参与成人活动,这种儿童主观意愿与客观现实的矛盾会影响儿童的个性健康发展,体育游戏则可以模拟成人活动,儿童参与体育游戏能够满足其主观意愿,能够有效解决儿童心理发展的矛盾。

综上所述,体育游戏的特点对儿童的个性化发展有着重要的促进作用。首先体育游戏的娱乐性以及趣味性能够让儿童在参与游戏时保持一个愉悦的心态,让儿童可以尽情玩耍,从而促使学生阳光心态的形成。其次体育游戏有其专门的规则且多数需要合作完成,这能够有效帮助儿童树立规则意识的同时帮助儿童摆脱以自我为中心的错误认识。同时通过体育游戏幼师能够及时发现儿童个性的问题,可以使教师有针对性对儿童问题进行干预,从而解决儿童心理发展的矛盾。

3.2.1.2 促进学生体育个性发展的有效路径

教师要关注学生的生命成长,关注学生的身心发展规律,关注学生个性的形成。学生通过体育锻炼,可以增强体质,提升运动技能,磨炼自己的毅力,增强团队意识。体育教师不应只关注学生运动知识的掌握、动作要领的领悟,要关注学生间的个体差异,关注学生的个性特征,让每一位学生都能获得应有的发展。传统的体育教学中,教师采用统一的模式、计划、内容教学,学生没有发展的空间,他们习惯于听从教师的部署,缺乏思考与批判,他们的个性受到抑制。在这种背景下,学生的创造意识逐渐衰退,个性遭到抹杀。在初中体育教学中,教师要关注学生的身体条件、兴趣爱好、运动技能等方面存在的差异,营造生动的教学氛围,丰富教学方法,优化教学内容,让学生获得运动能力的提升,体验到成功的愉悦。

(1)激发学习动机,营造发展空间

兴趣能让人产生向上的力量,学生目标越清晰,他们就越能全力以赴,全身心地投身于活动之中,为实现自己的目标而努力。教师要结合教学重难点内容,选择学生感兴趣的项目供学生练习,可以满足他们的学习需求,让他们感受到体育运动带来的乐趣。学生对所学内容感兴趣,就会热情高涨,积极地融入体育运动中,个性也会不知不觉地得到发展。如在篮球传接球教学中,教者将学生分为四组,每组围成一个6米的圆,由两名学生进入圈子进行拦截,其他同学采用原地双手传接球,谁传的球被拦截或没接住球要进入圈内替代拦截者继续游戏。学生在游戏中力求将球传得远、传得准,能感受与同伴配合的快乐。良好的环境有利于学生健康个性的形成,教师要通过体育活动促进学生对知识的理解、技能的掌握,帮助学生形成良好的锻炼意识。如果学生一味依赖于教师的讲解、说教，就会丧失消化的能力。教师既要重"教"，也要重"学"，要激发学生的主观能动性，为学生营造自由发展的空间，让他们得到自由的发展。

（2）尊重个体差异，强化组内合作

在体育教学中，教师要尊重、信任学生，关注学生的个体差异，这样才能因材施教，促进学生个性的发展。学生的个性在活动中得以表现，有外向的，有孤僻的；有胆大的，也有懦弱的，教师要通过课堂观察了解学生的个性，还要通过访谈、测试等了解学生对知识技能的掌握程度，有针对性地教学，对某项技能掌握程度弱的学生降低要求，对掌握好的学生提出更高的要求，通过分层要求、组内合作，让他们都获得一定的发展。学生的身体素质、运动技能、承受能力、兴趣爱好等方面表现不同，教师要根据学生的发展状态安排适合学生发展的内容。如男生会对足球感兴趣，而女生会觉得足球训练又苦又累，教师可以降低难度，通过教学方式的转变、教学内容的调整以提高他们学习足球的兴趣。

（3）创设良好环境，构建和谐关系

传统教学中，教师高高在上，以"权威"自居，居高临下地对待学生，学生一直处于被迫遵从的地位，他们的个性特质被忽略。教师要为学生提供个性发展无羁绊的氛围，要了解学生的喜好，帮助他们完善自己的个性。良好的氛围能令学生身心愉悦，能迸发激情与活力，帮助学生形成良好的特质。教师要针对教学内容设置情境，可以通过故事、游戏、问题等情境促进学生的感知，让他们获得成绩的体验、失败的教训。

教师的教学内容要丰富多样，要选择一些趣味性强的项目，如在学习耐久跑时，教师用"歌曲大串烧"的方式，学生在运动达到一定负荷后放音乐让他们歇息，然后再去练习。教师要重视学生的情感体验，要营造信任、愉悦的气氛，让他们在实践中领悟知识技能，感受运动所带来的快乐，促使自己的个性得到发展。体育课程实践性强，学生会遇到挫折，学生在克服困难与退却的选择上显得尤为重要，教师要对学生进行适当的辅导。在 1000m、1500m 等长跑训练中，教师要利用"极点"现象出现后学生四肢无力，有退出运动的念头，教师要引导学生调整自己的呼吸、步幅、频率,并对他们进行心理暗示,鼓励他们克服困难,战胜自我,磨炼自己的意志品质,促进健康个性的形成。教师还要善于观察学生的情绪状态,一些学生因身体素质、技术掌握不得要领,导致情绪的低落,教师不能去批评指责他们,要善于捕捉他们的闪光之处,要降低对他们的要求,以减少他们的心理压力,提高他们的学习积极性。有一些身体素质好、运动能力强的学生,往往在成功后就骄傲自满,教师要引导他们以谦虚的态度对待学习。

(4)完善评价体系,促进健康成长

教师要关注学生间差异,关注学生的参与情况,关注学生的学习态度,构建能促进学生健康成长的评价体系。教师要引入多元的评价主体,评价不再是教师一个人说了算,而是要让学生、家长等参与评价之中。学生通过自评能清晰地认识自我,能了解自身的缺点,能知道自己的学习中遇到的障碍,通过反思能促进自我成长,实现自我价值。学生在互评中真诚交流,相互合作,实现共同提高。评价方式也要多样化,要重视非智力因素的培养,采用档案袋、弹性评价调动学生的主动性,促进学生的健康成长。

总之,在初中体育教学中,教师要依据学情,因材施教,激发学生的学习动机、尊重学生的个性发展、营造良好的教学氛围、构建完善的评价体系促进学生个性发展。

3.2.2 自我

3.2.2.1 自我概念的形成和发展

自我认识是个体自我概念形成的基础,人的自我概念不是生来就有的,而是在后天成长的过程中通过与他人和对周围环境的适应不断发展得来的,且会随着周围环境的变化而不断发生改变①。婴儿在两岁左右开始认识自我,开始认识身体的各个部分,从认识自我特征和自我能力,

①杨雯雯.4—6岁儿童社会自我概念的发展特点及影响因素研究[D].东北师范大学,2012.

到认识自我社会性,再到认识自我特征和自我能力,逐步形成完整的心理自我概念[①]。所有这些统称为自我意识。

3.2.2.2 儿童自我概念

儿童自我概念是儿童对自己的特长、能力、外表和社会接受方面的态度、情感和知识的自我知觉,以及对自我的认知能力、身体能力、同伴接纳和教师接纳四个方面的评价,是儿童在内心深处对于自己的认识和评价。

3.2.2.3 个体自我概念发展的影响因素

影响儿童自我概念发展的因素可分为个人因素和环境因素,这里的个人因素指的是儿童自身的发展,可以细分为年龄、性别、认知水平等,环境因素主要包括家庭环境氛围、父母的不同教养方式以及家庭经济地位的不同,每个的儿童园有自己特定的文化环境。Harte 研究发现,年龄和生活经验是影响儿童自我概念发展的主要因素,儿童自我概念的发展随年龄的增长而增加,随着年龄增加儿童社会生活经验会不断影响个体自我概念的发展,使儿童自我概念的划分在特定领域会越来越精细化[②]。李洁(2012)研究发现,儿童的自我概念随年龄的增长而不断发生变化,且自我概念的发展水平在性别上也存在显著差异。在儿童阶段,女孩自我概念的发展水平要明显好于男孩[③]。王素娟(2008)从家庭环境方面探讨了不同家庭背景儿童的自我概念的差异,研究发现家庭经济地位的高低会导致父母直接传递给儿童不同的信息,家庭经济地位低的父母会传递给儿童自卑的信息,家庭经济地位高的父母会给儿童带来优越的信息,这是由于社会群体经济层次的不同导致的,因此家庭环境也是影响儿童自我概念发展的一个重要因素[④]。钱丝雨等人研究发现,影响儿童自我概念发展的因素可以分为内部因素和外部因素,内部因素可以细分为认知能力、外表、性别等;家庭因素、儿童校园环境、社会方面等外部环境因素

---

①金盛华.自我概念及其发展[J].北京师范大学学报(社会科学版),1996(1):30-36.

②Ravid R,Sullivan—Tempie K. Enhancing Self—Consetp in preschool Children[D]. National Louis University,1992.

③李洁.4—6 岁儿童自我概念研究[D].西安:陕西师范大学,2012.

④王素娟.大班儿童自我概念特点之研究[D].开封:河南大学,2008.

也会影响儿童自我概念的发展水平。有研究指出儿童的家庭环境、经济地位、儿童的抚养者以及儿童同伴等因素与儿童自我概念的发展之间有很强的关联。

3.2.2.4 体育运动对个体自我概念发展的影响

自我概念从最开始的单维度考察到现在注重多维度的建构,所以研究参考之前学者的二维理论观点,主要考察儿童能力自我概念和社会接纳自我概念对儿童自我概念发展水平的影响,寻找体育活动对两者产生的影响以及在一定程度上能够预测其对个体自我概念的发展可能出现的作用。

Harte(1985)研究直接解释了,要测量儿童的自我概念必须考虑其认知水平的程度和不同阶段的心理年龄特征。韦蓓蓓(2021)通过梳理汇总前人的研究发现采用身体活动的形式对儿童持续干预4周以上,就可以对儿童的认知能力产生影响,这种影响不会因为运动周期的多少产生变化,并表明只要参与运动就会影响儿童的认知能力[1]。李美霖(2021)采用了规则体育游戏,考察儿童注意力发展的变化,实验结果显示,规则体育游戏能够显著提升儿童的持续注意力和选择注意力,且这种提升效果未呈现出显著性差异[2]。身体运动能力是儿童自我知觉到的自身情况的重要评价指标。如,VaqueroSolísMikel(2021)通过分析体育活动如何通过儿童的自我概念和主观幸福感来预测其生活质量,报告了以下变量的信息:身体活动、体重指数、自我概念、主观幸福感和生活质量,研究得出结论,体育活动作为儿童自我概念和情绪感知介导的生活质量预测指标的重要性。柯亮(2020)研究调查了8所高校的学生,发现学生参与体育锻炼的行为与身体自我概念之间有相关性,研究结果显示,不同球类运动项目与个体察觉到的身体自我概念密切相关[3]。张剑锋(2019)等人采用

---

①韦蓓蓓,王春荣,罗冬梅.学龄前儿童身体活动与认知能力关系的研究进展[C]//中国体育科学学会.第十二届全国体育科学大会论文摘要汇编——墙报交流(学校体育分会).[出版者不详],2022:1572-1574.

②李美霖.运用规则游戏培养大班儿童注意力的实验研究[D].四川师范大学,2021.

③柯亮.学生体育锻炼参与行为与身体自我概念的相关性研究[J].宁德师范学院学报(自然科学版),2020(04):409-414.

体能训练的方式对在校学生的自我概念进行干预,研究发现体能训练可以培养参与者自信、顽强和团结的意志品质①。儿童社会性发展是指儿童在与他人(包括父母、同伴、教师)相处的过程中,所表现出来的问题解决能力、沟通能力等方面②,社会接纳能力主要包括同伴关系和父母接纳。刘姿颖(2018)结合前人的研究成果编制了团队体育游戏可以作为自变量,进行12周的实验干预,研究结果显示,儿童同伴交往能力后测得分显著高于前测得分,说明团队体育游戏可以提升儿童同伴交往能力的发展③。杨蕾(2017)选取中班儿童中不受欢迎的儿童这一特殊群体为研究对象进行探讨具有重要的意义,采用体育游戏的形式,考察中班儿童中不受欢迎儿童同伴交往能力的变化情况,实验结果表明,提高了不受欢迎儿童在社交维度的得分④。殷水淼(2022)选取四个大班儿童作为实验对象,考察跨学科的体育游戏对大班儿童社会性发展的影响,研究结果显示,跨学科体育游戏在依恋家人、同伴关系、独立性等维度有促进作用⑤。因此,可以推断功能性体育游戏对儿童社会接纳能力的发展能产生重要影响并进一步促进儿童自我概念水平的发展。

综上所述,在体育运动和游戏活动的影响下,自我概念构成要素之一的身体运动能力会产生积极的变化。以游戏干预的形式来改变儿童所处的部分环境因素,利用丰富的课外体育资源增加儿童参与体育运动的机会,激发儿童的创造性,满足儿童的好奇心,才能够充分调动儿童的主动性促进其自我概念的发展。

①张剑峰,张丰庆,毕存箭.体能干预训练对某高职院校学生自我概念的影响[J].中国学校卫生,2014(06):908-910
②张文新.儿童社会性发展[M].北京:北京师范大学出版社,1999.
③刘姿颖.团体体育游戏对4—6岁儿童同伴交往能力影响的实验研究[D].曲阜师范大学,2018.
④杨蕾.体育游戏对中班不受欢迎儿童同伴交往能力的干预研究[D].天津师范大学,2017.
⑤殷水淼.跨学科体育游戏对5—6岁儿童社会性发展的影响研究[D].河南大学,2022.

3.2.3 情绪

3.2.3.1 儿童的情绪特点

(1)情绪冲动外露、不稳定,易受环境影响

"人来疯"是易冲动最明显的表现。这是因为儿童的情绪易受外界事物的影响而兴奋过度,大脑皮质的兴奋容易扩散,皮质对皮下中枢的控制能力发展不足造成的。

易变性表现为两种对立情绪在短时间内互相转换,这是因为儿童情绪具有很大的情境性,情绪往往随着特定情境的出现而产生,又随着情境的变化而消失。"破涕为笑"是易变性最明显的表现,挂着泪珠笑起来在儿童身上是常见的现象。

(2)情绪情感复杂化

情绪越来越分化,对同一种情绪情感体验层次增加。就"爱"的情感来说,儿童能对父母表现出亲爱、对老师表现出敬爱、对小朋友表现出友爱。对自己的行为可能表现出骄傲,而对别人的行为可能表现出羡慕等。

涉及范围扩大,原先不能引起情绪反应的事物这时也能引起。如动画片,从不受吸引到成为生活中离不开的娱乐;不仅喜欢角色游戏,还热衷于智力游戏。

情绪指向的对象开始发生改变,不仅对自己活动的过程产生情绪体验,而且开始对活动结果产生情绪体验。如从原先不厌其烦地重复画画,到画不好就会有挫折感而放弃;做好了高兴,做不好就沮丧。

表现形式多样。儿童情感不仅表现在面部表情和体态动作上,也能表现在言语之中;不仅表现为当时的情绪反应,还能形成短暂的心境;不仅能外显,也开始具有初步的控制能力,不让情感外露,并能及时调节自己的情绪状态。

(3)情绪情感社会化

表现在情感在社会交往中越来越起作用。早期的情感反应大多与生理需要密切相连,到了儿童中期随着与周围人的社会交往越来越多,儿童的情感更多地在社会交往中表现出来。

（4）情绪的自我调节能力逐渐增强

情绪的冲动性逐渐减少，情绪的稳定性逐渐提高。儿童早期情绪往往受情境所左右，容易突发，又容易变动，情绪随着时过境迁而改变。随着年龄增长，中枢神经系统功能的增强，在适当的教育下，儿童调节情感的能力逐渐发展，冲动性逐渐减少。这一点在大班儿童身上有明显的表现，表现为大班儿童能自觉地遵守游戏规则，在集体活动中服从集体的纪律，比较容易接受成人的指导。情绪状态变得比较稳定，受情境左右的情况明显减少。

（5）高级情感初步发展

1）道德感的发展

儿童从 2 岁开始评价自己"乖"还是"不乖"，到了 3 岁开始初步明白什么"可以做"，什么"不可以做"，从而形成简单的道德感。这种道德感表现为儿童顺从成人的意愿，按照成人所要求的规则行动。小班儿童的道德感往往是对成人的评价和态度的直接体验，没有自己的判断标准，有的甚至还不知打人咬人不好；中班开始把自己或别人的具体行为与行为规则相联系，告状行为就是对别人行为评价的表现；大班开始初步形成是非判断，而且情感体验范围更加广阔，例如开始形成初步的热爱祖国、痛恨坏人、对集体负责、帮助他人的情感体验。

2）理智感的发展

主要表现为对周围环境和事物的好奇和兴趣体验。具体表现为，喜欢问"是什么""为什么"，以及"破坏"行为。随着年龄的增长，能够进一步从各种智力游戏和学习活动中体验到获得知识的满足感。

3）美感的发展

儿童初期往往是对某一具体对象的直接感知而产生的美感，例如喜欢漂亮衣服、鲜艳的颜色、听到欢快曲子就手舞足蹈、喜欢年轻老师，这些都是美感的表现；儿童中期开始从各个具体事物之间的关系上体验美感，例如穿衣服要求色彩之间的协调、听音乐要求音调之间的和谐、做手工搭积木时要求平衡对称等；儿童末期对美的标准有了一定的理解，能判断什么是美，什么是不美，对美有了更深刻的体验，例如听唱片时就会坐在那里静静地听,很长时间不动。随着年龄增长,美感有了进一步发展。

3.2.3.2 体育锻炼中不良情绪的控制

(1)焦虑情绪的控制

体育学习焦虑是一种正常的心理状态,是经常出现的紧张与松弛、失衡与平衡的一种心理变化过程,它可以通过一些教学措施和心理练习来加以控制与排除。

体育学习焦虑控制的目的:排除动作学习和操作障碍以及通过排除学生的苦恼来增强学生主观上对体育学习的满意感。

正确评价自己的运动能力,适当降低难度,通过反复练习来体验成功感,克服焦虑情绪,增强自信心。

把注意力集中在当前要完成的动作上,不过多地与他人进行比较。

通过多种途径和有关的自我放松方法,并选择适宜的方法进行调节。

在具体实施过程中要注意以下问题:

一是培养自信心。

二是培养体育学习兴趣。焦虑情绪可能会被学习的热情所掩盖。

三是排除外界暗示。

四是通过谈话诱导降低压力。

五是应用心理调整的技能。例如:暗示、沉思、认知压力模拟等。

(2)紧张情绪的控制

如果你出现肌肉紧张、动作不协调心跳过快、心神不安尿频等情况,此时你可能会产生紧张情绪。那么如何有效地消除紧张情绪呢? 应该做到以下几点:

一是通过分解动作和做一些简单的练习,增强自信心。

二是请老师或同学进行保护和帮助。

三是正确认识和评价自己的运动能力。

四是从老师或同学的示范和榜样中汲取力量,相信人能够做得好,自己也能够做得好。

五是学会通过多种途径调节自己的情绪。

（3）自卑情绪的控制

如果你出现退步，几次失败后就不愿意再练习，冷漠、意志消沉、怀疑自己的能力等现象，此时你可能会产生自卑情绪，我们应该做到以下几方面来自觉克服这种自卑感的出现：

一是肯定自己的优点，正确认识自己的能力。

二是为自己设置一个合理的、可以操作的目标。通过达到这个目标来体验成功、增强自信心。

三是课后加强锻炼，提高自己的体能和技术。

四是把挫折当成前进的动力，培养与困难作斗争的信念。

五是自学一些有效的应对策略，通过实践，不断体验成功，逐渐克服自卑情绪。

3.2.3.3 体育锻炼对情绪的调节作用

长期心理紧张不仅影响学习效率，而且很容易引发各种疾病，直接危害身心健康。调节心理紧张的方法有许多。我们以下介绍几种常见的体育运动，这些方法简单、便于操作，效果又好。

（1）参加有氧运动

有氧运动可提高机体的摄氧量，增进心肺功能，参加有氧运动最能够消除人的烦恼心情，运动后不仅达到了锻炼身体的效果，也可改善心理状态。

有氧运动包括步行（散步、快走）、慢跑、打球、健美操、游泳、爬山、骑自行车、健身操、太极拳等。其特点是强度低、有节奏、不中断和持续时间长。同举重、赛跑、跳高、跳远、投掷等具有爆发性的非有氧运动相比较，有氧运动是一种恒常运动，是持续 5 分钟以上还有余力的运动。

医学研究表明：运动可以使人的情绪得到振奋。要想有好的心情，参加有氧运动，每周 3～4 次，每次持续 30 分钟左右。

（2）呼吸法

通过慢而深的呼吸方式，来消除紧张，降低兴奋性水平，使人的波动情绪逐渐稳定下来的方法。

步骤：

站直或坐直,微闭双眼,排除杂念,尽力用鼻子吸气;

轻轻屏住呼吸,慢数一、二、三;

缓慢地口呼气,同时数一、二、三,把气吐尽为止;

暂停数一、二、三;

再重复三次以上。

做完后感受如何,请写下来。

（3）肌肉放松法

通过一定的方式（呼吸、暗示、表象、音乐等）使肌肉逐渐放松,使大脑逐渐入静,从而调节中枢神经系统的兴奋水平,缓解紧张情绪,增强大脑对全身的控制支配能力的方法。

准备动作:选择姿势。以舒适放松,全身肌肉都不费力为准,仰卧、半仰卧、靠背坐、站立姿势都可以,通常采用靠背坐姿势较多。

开始动作:全身放松坐好,轻轻闭合双眼,想象自己正处在一个非常舒适宁静的环境之中。

调节呼吸:变正常的呼吸为慢速、深长、均匀而自然的腹式呼吸。呼气时尤其要放慢并完全呼出。

松感阶段:在语言的诱导下,按照从右到左、自上而下、先四肢后躯干的顺序体验肌肉放松的感觉。

热感阶段:按上述同样的顺序在语言诱导下,体验身体各部位温暖的感觉。

静感阶段:感觉前额清凉、内心平静、周围没有任何刺激和干扰,只听到自己呼吸和心跳的声音,宁静而舒适。

松静状态:全身心进入放松入静状态,头脑宁静、肌肉放松、心情愉快。在这种状态下充分享受和体验。

结束训练:这时可以慢慢睁开双眼,你会感到眼前的一切更加清晰,当恢复到正常状态时,放松训练自然结束。

肌肉放松训练的语言暗示,一般来说,先由他人暗示进行（或用录音),待练习者比较熟悉训练的内容和程序之后,可以采用自我暗示进行,最好每天做 1～2 次,每次 10～15 分钟。

(4)自我暗示法

这是一种用语言对人的心理活动施加影响,并进而控制行为过程的方法。

为了消除惊慌,保持一定的心理稳定状态,要进行积极自我暗示,如,心中默念:"我很放松""我能行""我相信我自己有力量,我一定会取得胜利"。总之,在压力情境下,只要善于运用积极、肯定、明确的词语暗示自己,就能取得积极暗示的效果。

除了运用这些心理调节方法消除紧张外,儿童还应该保证充足的休息和睡眠。

3.3 社会适应能力层面的作用机制

3.3.1 社会适应能力的概念

美国伊利诺大学的 WayneParis 认为社会适应是指努力实现作为一名社会成员的功能,扮演好社会角色,不断适应工作并且胜任工作[1];心理学家朱智贤认为社会适应能力为适应已有的社会生活方式、遵循道德准则和规范自己的行为的过程[2];张春认为,不断规范自己的生活方式和调整自己的生活方式,达到社会所指定的规范标准,与社会环境达成统一,和谐发展为社会适应能力[3];陈会昌把社会适应能力分为社会理解和交往能力[4];陈建文则认为,社会适应是面对不同的环境能够不断适应环

---

①Wayne p. connie W W social Adaptation After Cardionthoracic Transplantation: Areview of the literature[J]. Journal of Cardiovascular NUrsing ,2005(5):67.

②朱智贤.心理学大辞典[M].北京:北京师范大学出版社.

③张春兴.张氏心理学辞典[Z].上海:上海辞书出版社,1992:4.

④陈会昌.道德发展心理学[M].合肥:安徽教育出版社,2004.

境、主动接受和调节环境的过程①。结合以上文献可知,社会适应能力是一种社会实践能力,是一种在个体独立处理日常生活与承担社会责任时达到他的年龄和所处社会文化条件所期望的程度,也就是个体适应自然和社会环境的有效性。

3.3.2 社会适应能力的构成

人们的社会适应能力有很多要素,包括认知能力、应对挫折的能力、人际交往能力等。留守儿童的社会适应能力主要体现在学校适应学校环境的变化,包括学习适应、生活适应、人际关系适应、行为规范等,以及儿童与社会生活以及周围环境达到一定和谐状态的过程。

(1)认知能力。社会认知是一种特殊的认知形式。它是关于社会现象,特别是关于社会中的人。它是人类个体对客观世界的理解过程,包括感觉、知觉、记忆、想象和思考。认知能力与留守儿童的社会适应能力密切相关。

(2)应对挫折能力。应对挫折的能力是指个人在遭遇挫折后直接调整和改变挫折,积极改善挫折,摆脱挫折的能力。在学习、生活和交流中,难免会遇到各种挫折。培养应对挫折的能力是留守儿童有效适应社会的一个重要方面②。

(3)人际交往能力。人际关系是指在人际交往中建立和发展起来的关系。生活中的每个人都有各种各样的社会关系。人际关系的质量不仅是一个人心理健康水平和社会适应能力的综合反映,而且对一个人的生活质量和职业发展也有很大的影响。对于留守儿童来说,积极的人际交往对了解社会、促进人格的全面发展具有极其重要的作用。

(4)学习适应能力。所谓学习适应性,通常是指学生在进入学校学习

---

①陈建文.儿童社会适应的理论与实证研究:结构、机制与功能[D].西南师范大学博士学位论文,2001;3-45.

②付聪,付雯.以体育游戏培养中学生社会适应能力探析[J].新西部(理论版),2012(Z5);165-166.

阶段后,面对新的生活环境、新的学习内容、需要自我监控的学习任务,能否产生不同于过去的学习能力,从而更好地适应学习任务的明显变化。由于以上四点能够很好地反映出留守儿童对社会的适应能力,因此本文的研究主要通过对农村留守儿童的认知能力、应对挫折能力、人际交往能力和学习适应能力等来进行分析。

3.3.3 社会适应能力的重要性

无论年龄多大,它都需要社会适应能力来适应其发展,各个阶段的学生都需要一定的社会适应能力。李燕红指出学生今后的社会关系、事业成功和对社会生活的满意度都跟其社会适应能力息息相关[1]。较好的社会适应能力意味着学生工作能力、社会交往能力和科学文化知识水平较高,能够面对复杂的环境变化。良好的社会适应能力是健康的一部分。社会适应能力的发展应首先积极参与社会活动。一些农村留守儿童由于父母不在等原因,自我封闭,不愿与他人交流。这种由家庭情感缺失引起的社会失调,需要通过一种情绪化的环境来弥补,这种情绪化的环境不仅能为农村留守儿童营造一种轻松愉快的情绪氛围,而且能使他们在交流和游戏中正确地了解自己,学会与他人互动。[2] 因此,在人生的不同阶段培养好的社会适应能力是很有必要的,特别是在进入社会之前的这些阶段则显得更为重要。

3.3.4 儿童社交的特点

小学年龄段孩子的社交行为通常具有以下五个特点:

第一,互动性。

小学阶段,孩子们会在学校或者课余通过玩游戏和组建小组进行协

---

[1]李燕红,严运旗.体育游戏对学生社会适应能力的影响[J].当代体育科技,2013(36):114-116.

[2]储庆桂,潘红霞.体育游戏在农村留守儿童身心发展中的作用研究[J].赤峰学院学报(自然科学版),2013(11):152-153.

作,在这个过程中,无论男孩女孩,都会体验到"团队协作"的社交行为所带来的快乐。比如,一群孩子可能会模拟经营一个城市,他们会找来各种各样的道具,进行建设甚至是交易,有人开商店,有人负责清扫卫生,甚至还有人扮演警察和盗贼,等等。孩子们通过这样的互动体验成年人的社交,其实也在互动中得到了学习的机会。

第二,选择性。

小学阶段孩子们的心智逐渐得到发展,性格和人格也开始形成,不同的好恶、不同的性格爱好决定了他们在社交行为中也会具有选择性。小学阶段的孩子们就已经能够听取和分析他人的观点,能够思考选择行为的背后意图,因此这个阶段孩子们的朋友圈会出现"拉帮结派"的现象,比如跟谁玩,不跟谁玩等。即便是孩子身上出现了这样的情况,家长也不必担心,因为这并非孩子蛮横不讲理,而是他们在社交行为中进行的体验和尝试,即便是有不恰当的地方,也会在之后的社交学习过程中自我修正。

第三,叛逆性。

小学阶段,从儿童心理按钮的角度来说,这一人生阶段他们的自我意识逐渐建立起来,变得聪明而有见识,遇到问题开始有自己独到的见解,甚至会渴望脱离父母和兄弟姐妹,获得更多的独立。这一过程往往会被家长们视为"叛逆",但我们必须明白,这样的所谓"叛逆"与孩子青春期的叛逆是两个概念,小学阶段的"叛逆",实际上只是孩子自我意识结合思维能力、语言能力发展的共同体现而已。

第四,独立性。

孩子们产生独立意识往往比家长们想象得要更早,"你还小,懂什么"这样的想法是所有家长在孩子小学阶段都要避免的想法。孩子虽然小,但并不意味着他们什么都不懂。相反,小学阶段社交行为带来的成长,使得很多孩子在独立意识上有着超前的发展。所以,这个阶段的家长一定要意识到孩子在社交方面所体现出来的独立性,作为家长一定不能过分干预孩子,因为家长的职责并非管控孩子,而是引导孩子去管控自己。比如让孩子自己决定一些家庭事务,或者让孩子与学校的朋友们一起在节假日外出活动、用餐,等等。家长要认识到,孩子已经身处一个"小型社会"之中,他们要独立自主地进行一些社交活动,家长在确保孩子安全的情况下,可以给孩子更多的社交权限,让孩子去体验和尝试一些社交活动,这有助于他们的成长。

第五,盲目性。

小学阶段,孩子在学校的朋友选择上有着充分的自主权,孩子们也开始理解并关注一些内在的品质,比如忠诚、勇敢、善良等方面。但是,由于小学生的心智尚未成熟,在交往方面具有一定的盲目性,例如受到影视作品或者身边人的影响,把友谊理解成"讲义气",把勇敢理解成"为哥们儿两肋插刀"。这种盲目性会给孩子和学校带来很多不良的影响,甚至造成校园霸凌等事件,这需要引起家长的高度重视,在做到"以身作则"的同时,还要通过日常的家庭教育,去改变孩子不正确的社交观点。总之,孩子在各个发展阶段对自己社交活动的感受都是不同的,这会影响他对自己的社交定位,并影响到孩子性格的形成。小学阶段,孩子的社交能力不断成长,社交观念也在逐渐形成。家长在这个阶段,一定要正确认识孩子的社交行为,以适应孩子的各种成长状况,同时也要有针对性地选择和采取应对策略,让孩子平稳度过小学阶段的社交成长期。

3.3.5 体育游戏与社会适应能力关系的研究

体育游戏作为体育教学中的重要一环,其功能和价值被不断地挖掘,更好地为教育工作服务,体育游戏与社会适应能力关系的研究也受到了广泛的关注。任忠芳等人认为体育游戏能够促进适应社会能力,改善人际关系。因为体育游戏大多是集体运动,个人的成功就是集体的成功。学生通过游戏活动相互交流,增进相互了解,增进友谊,增进社交知识和交流经验,增强社会适应能力。[①] 杨保建从理论上探讨了体育游戏的本质特征及其在促进儿童社会发展中的重要作用。结果表明,体育游戏能

———————

①任忠芳.体育游戏的作用、特点及注意事项[J].中国新技术新产品,2010.

促进儿童的社会交往,为儿童提供社会实践的机会,帮助儿童摆脱自我中心主义,培养儿童的积极情绪和健康的心理素质。[①] 刘军的实验结果表明,体育游戏可以干预孤独症儿童的社会交往能力,并具有显著的效果:实验组 5 名孤独症儿童的社会交往能力有不同程度的提高,语言交际、认知和情感也有不同程度的提高[②]。吴晖认为体育游戏与影响社会能力的各种因素有关。体育游戏教学中教师与儿童的关系与父母支持行为的关系是一致的,可以培养儿童的社会能力。同时,学业成绩和教师态度、自我效能感以及儿童自身的主观期望也能促进儿童社会适应能力的提高。因此,体育游戏教学对青年人的社会能力和促进个体社会化具有极其重要的作用。[③] 王晶晶的研究表明,体育游戏中的"身体接触"有利于提高学生的心理健康水平。它能有效地调节和改善不良情绪,促进学生身心发展,增强人际交往能力,使学生更好地适应社会。[④] 目前研究的体育游戏与社会适应能力的关系问题,多停留在理论研究阶段,且多为定性的研究,把理论与实践相结合的研究方式较少,研究缺乏一定的说服力,因此从实证的角度去研究这两者的关系问题是以后研究的重点。

3.3.5 体育游戏在儿童社会化中的作用分析

3.3.5.1 促使儿童掌握基本生活技能

体育游戏是模仿人类基本的劳作以及动物的一些活动而演变出来的一种游戏。参与这种游戏能够让儿童通过简单的模仿来进行身体活动,从而满足儿童身体生长发育的需要。在参与游戏的过程中儿童通过对一些动物的形态或运动形式进行模仿,从而在一定程度上提高了学生的运

①杨保建.试论体育游戏对儿童少年社会性发展的作用[J].中国体育科技,2002(6):58-60.

②刘军.体育游戏对孤独症儿童社会交往能力的干预研究[D].山东师范大学,2014.

③吴辉.体育游戏教学与儿童社会交往能力的关系初探[J].安徽体育科技,2004(25):97-98.

④王晶晶."身体接触类"体育游戏对小学生心理健康影响的定义研究[D].浙江师范大学.2012.

动能力,如学生可以通过袋鼠跳来锻炼儿童的跳跃能力,在老鹰抓小鸡的游戏中能锻炼儿童的跑步能力,并且还能锻炼儿童集中注意力的能力以及反应能力等等,儿童通过参与体育游戏感知动物的运动能力,从而在游戏中掌握基本的生活技能如走、跑、跳、投等,并且还能锻炼儿童的生存必备的能力如速度、力量、灵敏度、耐力等等。

3.3.5.2 促进儿童增强社会交往能力

社会交往活动是儿童社会性发展的一个重要环节,离开了社会交往活动儿童的社会化将很难进行。对于儿童来说,社会交往活动就是从游戏中开始的,而儿童大部分的时间都在学校中度过,使得体育游戏成为儿童在校园中必不可少的娱乐手段之一。且儿童在参加体育游戏过程中必然就会有同学以及教师的参与,这样儿童不仅能通过体育游戏来表达自己的意愿与主张以外,还能通过参与游戏去理解他们的想法与态度,并在游戏的过程中对他人的意愿或主张作出自己的回应。最终让儿童能够在这类活动中形成竞争与合作的意识,让儿童在游戏过程中结交伙伴。此类的体育游戏不仅能够让儿童结识现实中的伙伴,也能认识到自己在游戏中所扮演角色和需要去结识的伙伴,让儿童能够通过体育游戏学会分享、轮流、谦让等优良品质。

3.3.5.3 促进儿童熟知社会规则与行为规范

社会在运行中具有一定的规则与行为规范,只有熟知社会化规则与行为规范才能适应社会生活,完成社会化。在儿童的早期发育时期,他们对于规则以及行为规范还没有概念,他们并不懂得如何去处理与适应,倾向我行我素,不会太大地顾忌他人感受,觉得社会就应该以他们为中心。小孩从儿童园的教育开始,社会规范就开始融入其教育体系中去,但大部分的社会规则与行为规范都是在课堂中实施的,都带有一定的约束性,如上课期间小朋友不能有过多的小动作、不能随意讲话、有问题先举手等等,这里的规则让儿童容易造成逆反心理,最终达不到体会遵守规则的重要性。而体育游戏中一些游戏规则与行为规范,却是以一种快乐的、自由的、平等的方式让儿童来接受这些社会规则与行为规范。在游戏的过程中儿童对自己所扮演的角色应遵循哪些规则,他们都会一一地熟知,再加上在游戏过程中教师的引导、同伴的鼓励与认可,让他们深知遵循规则与行为规范的重要性,这样通过长时间的学习与锻炼会促进儿童进一步地熟知社会规则与行为规范,为儿童的社会化提供一定的促进作用。

3.4 道德培育能力层面的作用机制

3.4.1 体育与道德

体育不仅仅是单纯地锻炼身体、强健体魄,同时也具有道德培养的功能。研究指出:"体育载体蕴含丰富的德育内容,具有承载和传导德育内容的特性"。[①]

体育作为一种社会文化,在人类社会发展中,逐步发展并形成和建立起独立的学科。它的主要手段包括身体与智力的活动,在生产和生活的需要的基础上,以身体练习为基本手段,遵循人体的发展规律,以一种有组织、有意识的社会活动形式,提高从事体育活动的人们的体质,提高人们的运动技术水平,促进他们的道德水平的提高,我们一般说的体育包括广义和狭义两个方面。广义上讲,体育是人们通过基本的身体练习,提高自身的身体素质,增强健康水平,推动自身实现德、智、体的全面发展,促进社会主义精神文明建设和丰富群众社会文化生活。狭义的体育指的是对学生进行德智体全面培养。在这个过程中,教育者培育和塑造人体,教授身体锻炼的技术,以提高身体素质、增强体质。这个过程同时是学生获取运动技能和体育知识、提高道德素养和意志品质的过程;从这个意义上讲,体育是我国教育的重要组成部分。

体育可分为大众体育、专业体育、学校体育等类别。学校体育属于教

[①]纪宾.充分运用体育载体实现德育体育双赢[J].中小学实验与装备,2010(5):42-43.

育范畴,是学校和教育者开展的有目的、有计划的教育活动,其主要内容是,在学校教育中,通过身体运动等对受教育者的身体和心理进行教育,目的是促进学生身心健康发展。学校体育是培养建设有中国特色的社会主义事业需要的合格人才的重要方法和基本内容,与学校智育和学校德育共同构成体系完整的学校教育。世界上任何一个国家和地区,其历史、经济、政治、文化等对学校体育都会有一定的影响和制约作用。

学校教育的最后阶段是高等教育阶段,它是衔接社会体育与学校体育的重要教育阶段。高校体育在传授体育知识的同时,运用其自身的特殊性及其所承载的道德教育内容,是进行道德教育实践和践行终身体育理念的重要环节,它不仅对终身体育有明显的影响作用,而且对道德教育也有长远效益。

道德是一定社会阶级通过社会舆论的力量,利用不同形式的教育,使人们逐步养成一定的信念习惯传统而调整人们之间的相互关系的行为规范的总和,它是伴随着人类社会的发展而产生的。神启论认为道德是神意或天意的产物;情感欲望论认为道德起源于人的情感或欲望,正如卢梭所想:道德源于人们的社会情感和利他之心。作为一种社会现象,道德的形成受到了多方面因素的制约。马克思主义认为,道德是社会关系的产物,由于人类交往的需求,形成了各种社会关系。正是这些社会关系的形成为道德的形成提供了客观条件和前提。在人与外部世界的关系中,当人开始意识到自己与他人或集体的关系并有意识地去调节这种关系时,道德得以产生的主观条件便随之出现了。而生产实践则为道德的产生提供了主客观相统一的社会条件。正是在生产实践的过程中,人们进行着道德伦理上的交往,形成利害、善恶等道德观念。

马克思主义的道德观将道德视为基于人类社会生活的需要而产生的一种社会意识形态,其形成需要一个极为漫长的过程,需要经历由少数人的意识发展为多数人的意识并演变成普遍的社会共同要求的过程。为什么要有道德?因为道德是人们认识世界、掌握世界的方式,是人们运用善恶观念通过社会舆论、传统习惯和内心信念对社会存在的反映。道德之于人,道德是服务于人的社会形式和工具,它内在于人,使人们自我肯定、自我发展和自我实现。道德于人的意义在于道德能够帮助人更好地认识社会、调节人际关系,激励人不断向上,使人能够得到自由、全面、协调的发展;并且道德能够丰富人的内心世界,促使人格完善高尚,促进人类生活更加幸福。归纳起来,道德至少具有以下几方面的功能,即教育功能、激励功能、规约功能、认识功能等。道德的规约功能基于道德所具有的规范性质,它是人们在生活和交往中形成的各种行为规范的总和。种种规范用来约束个人天性、个人片面发展的东西,维护社会共同利益。马克思主义认为,道德规约即是使个人利益与他人、社会利益协调一致,反对将之对立或者分割。道德的教育功能在于在个人意识中灌输某种价值体系、行动与观念准则,从而形成相应的道德品质和道德信念。道德的认识功能表现为,通过道德意识和道德判断,人们既在现实社会中获得了各种信息,确定自己在现实社会的价值目标、价值体系和价值观念,还进一步判断社会发展和人类发展的前景,指导人们向完善自己的方向发展。正是在道德的认识功能基础上,在实践—精神的方式下,道德激励人的主动性和积极性,促使人改造世界、自我发展、自我完善,使得社会关系进一步和谐完善。

由此看来,进行道德培养具有重要意义。道德培养分广义和狭义两种,广义的道德培养包括道德教育、道德修养及道德评价等道德实践活动,狭义的道德培养是指道德品质的自我塑造过程。我们本文所说的道德培养指的是后一种,即把从道德教育、道德评价的道德实践中获得的认识经过道德培养的扬弃,将可以肯定的因素再消化,转化为个人品质的定型。道德是社会意识形态之一,人们行为的准则和规范;素养即修养。

3.4.2 体育与道德培养

从表面理解,体育指的仅仅是人身体方面的活动,与道德培养及进行道德培养的相关教育并无关系。但事实上,体育作为人的活动的重要领域和社会生活的重要方面,它本身包含着相应的精神内涵和思想理念,并且承载和传播着一定的社会价值观念和思想政治信息。

从体育本身的教育属性来说,身体方面的教育和精神方面的教育并不是完全割裂的,相反,二者有着非常深刻的内在联系。中国历史上,出现了很多弃医从文以期拯救国民精神的案例和伟大人物,他们看到了从身体的治疗转向精神的治疗,从身体的教育转向精神的教育的重要性与必要性。孙中山、鲁迅、郭沫若等,在最初的时候都选择了学医救人,通过救治中国人的身体来拯救灾难深重的中国社会。但后来他们都认识到仅仅救治国民的身体并不能解决近代中国发展出路的问题。中国要摆脱困境,必须通过各种实践救治国民的心灵。因而他们后来都成为塑造中国人的心灵和精神的重要人物,对中国的历史发展产生了深远的影响。毛泽东在年轻时也有过强身救国的理念,积极普及体育并写下《体育之研究》这部著作。从体育的项目种类及各专项教学内容来说,在传授体育知识的同时,运用体育的特殊性,对学生进行有目的、有计划、有组织的教育活动,是实现道德培养目标的重要环节和手段,有明显的影响作用和长远效益,能够在一定程度上发挥道德培养的作用。如中国传统武术,它本身是一种高超的身体搏击技术,但习武最讲究的却是武德和武德教育。

3.4.2.1 体育是道德培养的有效载体

载体指的是能够传递能量或运载其他物质的物体,引申为承载知识或信息的物质形体。体育作为一种教育资源,承载和传递着丰富的道德价值,如内蕴于体育的爱国精神、拼搏精神、合作精神。这些道德价值根据体育运动各专项的特点及相关技术要求密切关联,通过体育教学的途径发挥着学生道德培养的功能。通过跟踪调查与研究发现,足、篮、排三大球运动不但能够培养学生的凝聚力,而且还能发扬顽强拼搏的体育精神;田径中长跑可以使学生养成坚持不懈、永不服输的意志品质;体操、健美操、舞蹈等项目,除了可以提高学生的审美能力,同时还能陶冶学生的情操,增强其审美意识和创新思维,有助于形成健康的人格;而比赛带来的紧张氛围,能够提高学生的心理素质和耐挫折能力。健康的体魄、良好的身体素质已成为人才竞争的物质资本。人们通常认为人才的内在因素是由五种要素组成,分别是:德、才、学、识、体,而体是成才乃至于人最基本的东西,是成长、成才的物质基础。同时,在社会急剧变革的今天,多种思想文化的激荡,新旧价值观念的冲突、激烈的竞争、物质生活条件的差距,社会生活和经济生活不协调等,无不冲击学生的心灵,造成部分学生认知失调、心理失衡和行为失范。这既影响了学生的学习、生活和工作,也不利于其就业求职和未来发展,从而影响整个中国社会的良性发展,造成国家政治稳定和发展的隐患。因而学生必须加强心性修养,提高心理素质,要能正确认识和评价自我,胸襟开阔、豁达大度、积极乐观;要正确对待挫折,克服期望值过高的心理,培养坚韧不拔的毅力;要克服自卑感,增强自信心,培养心理自我调适能力,以良好的心理素质去迎接和面对各种挑战。此外,参加体育活动无疑给学生提供了一个发泄各种消极情绪的通道,有助于学生消除不良情绪,保持积极健康、乐观向上的心理状态,养成良好的心理素质。同时,在体育运动中,学生必然会进行直接的交流和互动,这种直接的交流和互动就促进了学生的人际交往能力,进而提高学生的社会适应能力。足球、篮球这些集体项目,除了需要个人出色的技术能力,还需要团队的战术能力以及相互合作的能力;体操项目在练习的过程中具有一定的危险性,需要其他同学或者老师在旁进行辅助性的保护,以防止受伤。因而,学习体操的学生在长期帮助他人的情况下,逐渐形成了能相互帮助,相互信任的思想。体育在培养学生内心信念、行为修养以及人际交往能力等方面具有明显的促进作用。

3.4.2.2 体育是道德培养的有效途径

体育作为德育的有效载体及途径,在教学过程中能够逐渐培养学生积极与他人合作,共同克服困难的品质,道德培养工作与其有着相同的目的,都是为了使学生得到的信念更加坚定、心理健康和人际交往能力更加成熟。美学是体育的另一个特点,在体育教学活动中,通过教师的示范、学生自身的主体活动,从而影响和指导学生学习正确的身体姿态、优美的体育动作,培养正确的审美观,提高学生心理健康水平。体育是一个实践过程,而体育要发挥出其自身所具备的道德教育功能,也有它的实践性,这二者是统一在同一个过程中实现的。在实践中,要积极引导学生树立正确的世界观、人生观、价值观,使学生的心理更加健康、团结协作的意识更加突出、永不放弃的精神更加坚定;通过学生的各种表现,进行针对性的教育,充分发挥学生作为主体的能动性,这正是道德培养工作的支撑点,同时在体育教育的过程中,要把道德的概念渗透到学生活动中,从而进行道德培养,形成学生的道德认知。因此道德培养工作通过高校体育教学这一形式比较容易被学生接纳。体育活动作为校园活动的重要组成部分,以其活动内容的多样性使得校园文化更加丰富多彩,充满生机与魅力,使学校真正成为快乐成长学习的地方。总的来说,在学校道德培养工作的过程中,一个重要阵地和有效载体就是体育。同时,我们只有让所有的体育工作者认识到这一点才能够运用德育手段,将体育的道德功能发挥得淋漓尽致。发挥其道德培养功能,使学校体育更好地为素质教育和思想政治教育服务,为国家培养社会主义事业的合格建设者和可靠接班人。

3.4.3 儿童体育道德问题及产生的原因

3.4.3.1 儿童体育道德问题

(1)体育道德定义清晰,内容浅薄

知其然,不知其所以然。儿童时常以应付考试的态度对待思想道德教育的学习,该方式具有死记硬背、囫囵吞枣的显著特点,教育的主客体大多注重分数而忽视知行统一,学生对道德要求停留在"是什么"的层面,没有深入高层次的"为什么、怎么做",没有对认识和行动产生必要的联系。学校体育中,道德教育表现为道德准则灌输多,只是将道德知识进行文化传授,学生清楚知道团结互助、虚心学习、思想纯正、作风端正、语言文明等道德概念,却没有在体育大量的实践材料以及实际训练、竞赛中将其与道德教育进行有机结合,使学生对道德的理解停留在表面,缺乏现实意义。

(2)自我意识强烈,集体观念淡漠

一根筷子易折断,十根筷子抱成团。儿童学生自我意识强烈,追求自我价值,信奉个人主义。竞技场上常发生以下几种现象:一是,团体成员中每个人技术水平都强,但是在团队比赛中总是输;二是,比赛过程中由于某个人强烈的表现欲望和获胜心拉大比分距离,造成团队成员相互指责和埋怨,最终输掉比赛。到底是什么原因导致的呢?简单来说,就是自我意识太强烈,集体观念淡漠。就好比拔河比赛,一个队的五个人每人朝各自的方向使力,另一个队五个人朝一个方向使力,输赢结果可想而知。再比如,排球比赛中一个人的专业技术再强,水平再高,没有其他队员辅助,也很难获得比赛的胜利。儿童在体育比赛中体现出强烈的自我意识,集体观念淡漠严重。

(3)竞争意识强烈,责任意识淡化

齐头并进,协同发展。社会主义市场经济的不断发展导致社会竞争激烈,使得儿童学生的竞争意识不断增强,同时对提升儿童的智能水平起到了一定的促进和激励作用。竞争性是体育的本质属性,不存在没有竞争性的体育,它以其强烈的竞争性,吸引儿童参与体育运动或竞赛。体育尤其是竞技体育体现出强烈的竞争性,竞技体育运动员竞争意识强烈,比赛的胜负甚至胜过幸福、快乐、健康、功利等因素。过度胜负欲,必定导致儿童忽视体育活动或竞赛过程中应尽的义务和应负的责任,如遵守体育法治法规、体育道德规范和尊重裁判、尊重对手等。

(4)体育道德认知到位,道德行为缺失

明知不可为而为之。学校的体育教学活动使个体具有比较正确的道德认识,可以不假思索地背出集体主义、爱国主义、尊师重教、遵纪守法、顽强拼搏、谦虚谨慎等道德要求,知道道德的要求和规范,但违背道德要求的行为时有发生,而且愈演愈烈,体育道德失范现象层出不穷。第一,篡改年龄。利用特殊的手段对运动员的参赛年龄造假,以此来适应各种年龄段的比赛,达到"以大打小""以小胜大"的目的,变相获取优异的比赛成绩,取得胜利。第二,赛场异常行为,典型的假球、黑哨等。运动员在严重的拜金主义和功利主义下,为了获得较高的金钱、物质收益而故意输球,造成假球事件;裁判员收受贿赂,对运动员采用不同的判罚标准,造成比赛结果缺乏公平性,引起赛场不道德行为发生。第三,运动员自损行为,如兴奋剂事件等。道德认识与道德行为反差较大。

3.4.3.2　儿童体育道德现状产生的原因

(1)外部刺激

第一,学校原因。体育竞赛一味地追求名次和成绩,重视专业技能的培养和规训,道德教育的站位失重,利益主体对体育伦理失范现象熟视无睹,道德教育流于形式[①]。道德教育之根本在于情感和意识等社会道德规范和准则的内化,从而由内向外自觉引导和规范其行为,直至符合伦理道德标准,符合社会整体利益。教育重心的过度偏离,强调儿童的运动技能和专项训练,忽略了其思想和职业道德教育,导致社会大众没有把重点放到体育活动或比赛的道德教化功能上。体育道德教育内容僵化,一味重视"爱祖国、爱人民"或是强调"为国争光、无私奉献"都过于片面,使其不能合理地进行道德判断和行为评定。体育道德教育重心过度偏离,是导致体育道德缺失的关键性原因之一。

第二,家庭原因。家长作为儿童人生的第一个启蒙教师,其言行对孩子的影响很直接。自己言行不检点,产生消极影响,误使孩子多走弯路。如父母反对孩子参加体育运动和活动,认为体育运动无用,在教育孩子的过程中贬低体育的人和事物、父母穿西装和皮鞋参与体育运动、父母在集体运动活动中对人以恶语相向、在竞赛运动项目中缺乏坚强的意志品质,常常半途而废,甚至在运动场所发生打架斗殴的事件等不良言行都会对孩子体育道德认识造成影响。家长所拥有的素质水平对指导教育孩子来说显得有些不足。温良的性格、高文化教育水平、充盈的生活阅历是教育和指导个体健康和茁壮成长的前提。现实生活中,父母性格暴躁,教育子女没耐心,对于孩子提出的体育运动的相关问题漠不关心,孩子不能从父母身上解惑,从而丧失兴趣;父母文化水平低下,孩子认为其给予的体育运动专业方面的知识可信度值得商榷,难以相信,对父母的建议和忠告持

---

①李储涛.身体德育:学校体育的德育起点[J].上海体育学院学报,2012(06):72-75.

怀疑和不认可的态度;父母见识面狭窄,自认为见多识广的孩子认为父母的建议和意见从某种程度上还不及自身,对父母的观点、行为方式不接受。

第三,社会原因。市场化运作使得各种市场性的思维渗透到体育领域,并迅速发酵,个人主义、享乐、拜金主义在运动员间横行,"投资—收益"模式在主体间相互穿梭①。在众多股社会不良风气、环境的影响和渲染下,体育道德所面对并非选择机会的匮乏,是尺度的遗失,在选择哪种理念来指导自己行为抉择上左右摇摆,导致实用化和短期化的行为结果,频频引发道德失范。体育道德失范现象是不利于体育乃至社会的和谐发展的,衍生社会动乱,带来社会的不安定。

(2)内部归因

第一,体育道德自主性缺失。体育道德自主性是指体育主体有效地发挥主导性和能动性,自觉遵循体育规制体系,协调和保持行为与规制体系最优化②。儿童体育道德自主性缺失主要体现在两个方面。第一,儿童处于生长发育的黄金时期,生理、心理尚未发育完全,心智不成熟,不能正确、合理有效地对外部刺激和各类事件作出应对,过分地依赖亲近的身边人,受外界的人或事物的影响颇为深刻。为人处世之道、个人情感表现、体育竞技思想受教练的影响尤为突出,对个人的行为不能进行合理、客观的道德反思,导致现有的儿童竞技体育已然泯灭了道德责任意识。第二,儿童学校体育的教育者是体育教师,体育教师的道德水平对儿童产生重要影响。在竞技体育比赛中负责人的能力及绩效仅凭借运动员的比赛成绩作为评价标准,教练员为证明自己的能力、提升自己的绩效,经常采取让学生违背道德和规避规则的道德方法来达成取胜的目的,选择将道德和健康让位于"金牌",使儿童丧失自主性。

---

①李在军,赵野田.道德哲学视域下竞技体育价值的反思及矫正[J].东北师范大学学报(哲学社会科学版),2015(04):203-206.

②张建荣.市场经济条件下大学生道德教育的困境与反思[J].思想教育研究,2011(01):64-67.

第二,人性贪婪的泛滥。个体行为最强大、最根本的源泉是本性。本性所表现出的行为既有光明,也有邪恶①。"人之初,性本善"并非唯一,受众多复杂的社会环境影响。一方面人性易变,人本身总是充满了不确定性;另一方面不可教育的成分也是稳定的。"易变"是从善变恶,"不易变"是从恶变善。由善变恶是顺着天性,尚且不需要个体特殊的意志努力;相反,弃恶从善则需要个体持续的努力。在利益分化,社会资源稀缺的情况下,欲望支配占优势,稍有松懈人性中的恶就会使德性的追求功亏一篑。为取得胜利,获得利益找出使用不正当手段的千种理由,甚至不惜以损害国家和地区的形象为代价。人性是一把双刃剑,也是一封没有开封的信件,无法进行判断,无法探索未来,因此也无法对其进行假设和道德教育,也不能随意的在教育中对其进行假设,必须直面人性本身才能解决问题。

3.4.4 儿童体育道德养成教育的基本内容

3.4.4.1 儿童体育道德认识的提高

体育道德认识是对体育道德知识的感受、知晓、习得的过程,循序渐进地对信息进行加工,形成正确的体育道德观。合理的行为动机来自于正确道德认识。因此,提高儿童的体育道德认知水平是重要内容。

第一,体育道德概念的形成。它的形成依赖于对体育道德知识的领会、掌握,通过道德表象看本质,随之分析、综合、抽象、概括,最后逐步形成的②。对道德知识的掌握,即让学习主体细致、具体地了解行为准则,以及执行此准则的原因、丰富的教育方式等,旨在全方位了解社会主义道德的基本内容和要求。

第二,体育道德评价能力的养成。运用所掌握的或正在学习中的准则和概念对个体的行为、品质以及是与非、善与恶进行判断,就是体育道

---

①王建华.人性、道德与教育[J].教育研究与实验,2013(04):1-6.

②王金华.大学生道德养成教育研究[M].武汉:华中师范大学出版社,2008.

德评价。儿童自我认知度一般,评价能力中等,尚且能够进行自我道德评价,但教师和同学的评价也会对其产生影响。为了进一步提高儿童体育道德评价能力,教育者要注意为儿童做体育道德评价的示范,在全面了解儿童的体育道德水平的基础上,结合具体体育道德规范和体育生活实践,组织体育道德评价,正确引领和督导儿童进行道德的自我评价,继而转化为由对外界过渡到自我的评价,由部分到全面的评价,最后通过强化逐渐养成儿童的体育道德评价能力和习惯。

3.4.4.2 儿童体育道德情感和道德意志的培养

体育道德情感和道德意志可以强化体育行为能力,行为能力既表现为行为抉择的能力,又表现为行为强化的能力。儿童时期,行为抉择强化能力又取决于对某一行为所涵养的情感和意志力。例如不少儿童在参加体育活动或竞赛的过程中本身并没有违法乱纪的动机,但是在荣誉、金钱和功利的诱惑下,在教练员、老师、同学的怂恿下,利用了特殊的、不合法的手段,做出了违反法律和道德规范的行为。其主要原因是体育道德情感和道德意志的缺乏,而不是体育道德认识的缺失。

第一,体育道德情感培养。体育道德情感培养的核心内容应该是支持和保护儿童肯定的、积极的情感,抑制或转化否定的、消极的情感,培养儿童健康的、高尚的道德情感,道德情感过程的变化与个体需要有关。一切可以直接满足个体需求的事物,都能触发儿童肯定的情感,强化儿童的道德认识能力和受教育能力;反之亦然,当个体感受到某种限制时,会引起否定的消极情感,对儿童道德教育起阻碍作用。

第二,体育道德意志培育。儿童体育道德意志培育包括自觉性、果断性、坚忍性和自制性四个方面的内容。

①自觉性。儿童在从事与体育有关的活动或行为时,能够清醒地认识到自己行为的目的及意义,随时主动支配自己的行为,使之符合行为目的的道德品质,对行动过程及结果能进行自觉的反思和评价,有自知之明。自觉性体现儿童的道德立场和信念,始终贯穿整个道德认识行动,是体育道德意志产生的力量源泉。

②果断性。当机立断,快速又合理地决策和执行。体育运动的随机性和偶然性表明,运动行为的产生并不能在比赛或活动前事先决定好、安排好,而是每一个动作的产生几乎是随机的,在比赛或活动中怎样发展,谁都不能提前预料,只能在自身所掌握经验的基础上以不变应万变,当机立断,及时勇敢地作出决定,稍有迟疑,就可能延误最佳时机,失去优势或失去比赛的胜利。

③坚韧性。就是指为实现目标,克服困难,过五关斩六将,坚持到最后,不达目的誓不罢休。体育目的相较于其他目的实现的过程更加需要坚韧的意志品质,这是体育的本质决定的。要求儿童在体育道德行为、训练和比赛中能长期保持充沛旺盛的精力,有坚忍的毅力,不怕挫折,不畏艰难,锲而不舍,百折不挠,始终勇往直前,不达目的决不罢休。

④自制性。它反映意志的抑制能力。督促自己执行已作决定的同时,还要抑制并处理各种恶性欲望、消极情绪、不良习惯等。体育运动和锻炼具有规律性,活动者必须依据规则来管制和约束自身的任意行为,而在集体项目中更是如此,个体的行动要始终符合集体的行为目的,并且此时的自制是内心深处的真实愿望,由取胜心做动力。

3.4.4.3 儿童体育道德行为的塑造和道德行为习惯的养成

行为是道德的外在表现形式和载体。外在道德行为冲突是内在道德观念冲突外现,而内在观念的冲突则是由过渡阶段行为方式冲突积累造成。体育道德养成是"内化"过程,而行为规范是"外化"表现,当二者的目标和要求能够协调一致时,道德的养成过程就会比较顺利;反之,就会出现严重的冲突。这种冲突往往首先是主观意识领域观念的冲突,当观念上的冲突不能得到及时协调时,必然会外化为体育行为冲突,即出现与社会要求不协调的体育行为,如赛场辱骂、打架现象等。儿童实施体育行为前要对其加强社会道德规范的教育,并引导其内化为健康的道德认识,同时要引导其按照社会的体育道德规范实施自己的正当的体育行为。只有这样才能促使儿童养成体育道德行为习惯,塑造正确的、符合道德要求和规范的体育行为。

3.4.5 儿童体育道德内化的途径

3.4.5.1 体育道德榜样示范教育

示范教育是将抽象的说理变成通过活生生的典型人物和事件来进行教育,从而激起大学生道德情感的共鸣,使其在一种"自然"状态下学习、对照、感受和仿效[①]。教育家孔子曾说:"其身正,不令而行;其身不正,虽令不从。"在体育道德教育中,体育教师、教练的言传身教以及体育明星、偶像的言行都会对儿童道德养成具有重要影响。

首先,对竞技体育运动员来说,运动员和教练员之间的特殊关系,使教练对运动员起着重要的影响作用,体育教师、教练的精神状态、一言一行、教练的风采,将会给其留下深刻的印象,是对学生思想、感情、行为的渗透,因此,榜样示范教育是竞技体育运动员体育道德内化的重要途径。

其次,在儿童体育道德教化与内化的养成过程中,体育道德教育常常取决于体育教师和父母的言传身教。言传,通过摆事实、讲道理、传授体育道德知识,使儿童明辨是非善恶,提高儿童认知和理论水平,高度责任感及良好的文化修养,能有效地促进学生体育道德教育;身教,以体育教师和父母的行为习惯,言行举止对学生的言行产生影响。如教育者在运动场等公共空间随意抽烟、在体育活动或比赛过程中作出的违反体育道德规范的辱骂队员、鼓励学生采取不正当手段获胜的行为等都不利于儿童良好体育道德养成,而正确、规范的道德行为则会对儿童产生积极影响。"近朱者赤,近墨者黑"。跟什么样道德水平的人学习,就会成就什么样道德水平和品质的人,因此示范教育是通过道德榜样示范,引导儿童树立正确道德认知和实施正确、规范道德行为的一种方法和途径,也是儿童实现体育道德内化的有效途径。

3.4.5.2 体育道德行为实践教育

体育道德本身是属于实践的,是在认知基础之上付诸实践,并在实践

---

①王金华.大学生道德养成教育研究[M].武汉:华中师范大学出版社,2008.

过程中不断强化、巩固和提高的。

首先,利用课堂教学引导儿童进行道德知识学习,了解和把握体育道德的原则、要求、规范,更重要的是要在养成教育的实践中自觉学习儿童道德规范,不断提高道德认识水平,从而逐步通过内化形成正确的道德观念。体育教师对儿童进行有目的、有组织、有计划的理论知识教育,但体育道德的学习不是专门的"理论专修"所能实现的,因为"理论专修"只能学到一些道德教条。

其次,体育道德认识也不是在个体独自的抽象道德知识学习或者道德思维探求下进行的,而是在人际关系背景下通过交往、互动的实践影响而提高的。

最后,体育道德的内化要求学生必须加强体育道德实践性训练,把体育道德行为训练纳入各种活动之中,在学习生活的基础上,重视自身道德修养,自觉地经过反复地学习、认识、实践、再认识、再实践,历经心理、思想和行为的内化与外化的磨炼,逐步确立体育道德规范。在经历道德知识教育洗礼、道德情感道德意志内化和道德行为外化的复杂过程中,学习道德知识,提高道德认识水平,进而产生体育道德实践行为,让学生的体育道德行为在生动的活动中不知不觉地得到反复表现和发挥,形成行为习惯,从而使不自觉的体育道德行为逐步转化为自觉的体育道德行为,形成稳固的体育道德品质。

3.4.5.3 体育道德环境熏陶渲染

儿童体育道德养成教育教化与内化的环境范围主要是家庭环境、学校环境和社会环境,加强儿童家庭环境、学校环境和社会环境的建设,有助于内化儿童体育道德。

第一,家庭环境熏陶。

儿童对家庭经济上和情感上的依赖决定了家庭环境是儿童体育道德养成的基础环境。经济构成儿童成长的物质基础,感情构成精神基础,对儿童的体育道德品质形成提供心理上必需的安全感和依恋感。多数时间与父母和其他亲属生活在一起,在家庭环境里自觉或不自觉地获得了许多道德观念和养成基本行为规范的方法。例如,生活在体育世家或者父母双方中有一人是从事与体育相关的工作,抑或是家属中有从事体育工作的人,其体育道德认识较其他人更深刻,更能严格要求自己遵守各项体育道德规章制度,严格按照规范开展自己的体育行为,不会做出有违体育道德的体育行为。在儿童各种道德学习的关键期即将来临之际,家庭体育道德教育涉及儿童体育学习每一阶段,是先于学校体育道德教育的,具有先入为主性。然而无论是家庭的物质、情感的基础性,还是家庭体育道德教育的先入为主性,都是学校环境与社会环境所不能提供的。

家庭对儿童的体育道德教育作用是深刻的。儿童在心理上对父母产生高度的道德信任和感情上的忠诚,在人际关系上具有亲和性决定了家长与子女之间直接、经常和亲密的接触,促进彼此细致和深刻的了解,有利于家庭体育道德教育影响的"因材施教"原则的实现,有益于儿童对家庭体育道德教育影响的正确理解和深层吸收。家庭环境中父母的体育道德水平对儿童的熏陶是至关重要的。

家庭环境对学校体育道德教育的补充性。家庭德育重应用,重德育课程以外的伦理问题教育,使其道德教育具有生动、具体、现实性强的特点,而这些特点让儿童学习和应用传统道德习俗和符合时代发展的道德规范,让儿童在学习人际关系的处理当中养成良好的道德品质变得理所当然。儿童通过体育活动可以增加人际交往,人际交往更为多元化的儿童在处理人际关系时要时刻注意自己的言行举止是否符合体育道德规范,在为人处世上去其糟粕取其精华吸收良好的体育道德内容,内化进自己的体育道德系统,强化道德意志,树立良好的体育道德信念,并付诸实践。

第二,学校环境教化。在学校环境中,儿童一边接受专门的文化知识和系统的政治教育,形成对政治生活的初步的规范知识,一边参加各种党团社会活动,初步实践了社会的政治活动和文化活动。

道德理论课教学。从内容上看学校德育重理论,儿童在学校所接受的教育多从理想、信念、道德理论上多一些,比较系统。从教育方式上看,学校德育是针对学生道德思想行为重大方面的教育,具有一定的灌输式、强制性。这种灌输式、强制性的教育方式在儿童道德教育初期是必要的,通过以公德教育为主的思想政治理论课教学活动树立儿童正确的世界观、人生观和价值观,培养爱国主义、集体主义精神,进行社会主义教育,引导儿童树立理想和信念。

体育实践课教学。教师在教学中根据体育运动的特点和人才培养目标,着重培养学生学习和掌握体育文化知识和专业技能教授、训练能力。体育教师作为模范和榜样,行为要做别人的模范,行为是否符合教育最为要紧。教师以自身的良好体育道德行为作为道德教育的内容,"身教"作为最为直观的教学方法,使学生在模仿中,在亲身实践中逐渐形成对事物情感,意志改变,这种改变更直接、更合理化也更不易改变。例如,在叶松庆的《未成年人体育行为对道德观发展的作用》中指出,体育运动有助于团队精神的树立、体育活动有助于集体主义的形成、体育书刊阅读有助于引导价值取向、体育明星崇拜有助于道德效仿力的增强、体育锻炼有助于良好习惯的养成等,都是在体育的教学实践中培养和强化儿童的自信心、团队精神、意志力、集体主义、价值取向、道德效仿力和良好习惯。

育德于体育比赛活动中。在实践中教育儿童懂得胜负,强弱可以相互转化,在运动中树立公平、公正、民主、团结、协作和友谊等道德观念,提高道德水平和道德规范文化。一是,体育比赛结果的不确定性要求儿童在比赛中具有较强的心理素质和随机应变的能力,而充满自信心才是最重要的。教师要引导儿童正面客观地对待输赢,做到胜不骄败不馁,同时在比赛中教师需要运用评价激励、心理暗示等方式肯定其表现,帮助儿童增强信心,提高自我心理控制能力,要求儿童在比赛过程中准确地了解自己的实际技术水平和自己的优势所在,正确估计自己的力量,根据自身的情况设置合理的目标,刻苦训练,提高自己的体能与技能,最终实现自己的目标,达到增强自信的目的。二是,在训练中有针对性地培养学生参与活动的动机、目的,通过正确、合理的方法使学生们树立追求更高、更快、更强的奥运精神,有意识地进行行为训练,培养正确的运动观,使学生养成坚持不懈、努力拼搏的意志品质。三是,训练或比赛都会使运动员产生多种复杂的情感体验,带来喜、怒、哀、乐等情绪,正常的情绪反应,不论是消极的还是积极的都有助于儿童的行为适应,得到较好的锻炼效果,而儿童对多种情绪的自我调节,有助于个体合理控制情绪,以防体育比赛中不道德行为的产生,诸如赛场打架斗殴、骂脏话等。

第三,社会环境教育。体育教学实践内容繁多,形式多样,并受到校内、校外、场地器材、实验设备、师资力量、教学经费等多种因素的影响和制约,要求儿童走出去,利用社会实践来实现学生的全面发展。

普及社会公德。充分发挥舆论的教育功能,利用社会新闻媒体进行长时期的专题宣传活动,着力培养儿童自觉遵守体育法制法规和道德规范的意识,解决知行不一的问题,培养文明习惯,预防不道德行为的产生,改变群众对体育的看法和态度。

取人之长,补己之短。交往是学生健康成长的一个重要的心理素质,体育运动能给儿童提供更为广泛的人际交往机会。儿童处在心理和行为发展的关键期,迫切需要多方面的人际交往,从他人的行为和情感中获得自身的发展。如在学习与训练中懂得容忍队友不足为道的缺点,容纳同伴不同的见解,相互信任、相互理解,有选择地进行交往,学会为人处世之道。人际交往过程中,体育道德模范就是鲜活的教科书,是旗帜,是标杆,是导向,它使体育道德教育变得具体生动,看得见、摸得着,以先进的体育思想道德和价值观念,帮助儿童树立正确的世界观、人生观和价值观,对于弘扬社会正义,自觉遵守和践行体育道德规范,具有重要意义。

"修身为本"思想。道德修养是培养社会公德并逐步完善人格的最基本的途径。儿童在履行社会公德的过程中通过自我改造、自我陶冶、自我锻炼和自我培养提升道德境界,继而在学校体育课、体育比赛或活动中经反省、自查等方式反复实践最终养成良好的体育道德。

3.4.5.4 体育道德主体自我教育

自我教育是指儿童按照体育道德教育的目标和要求,主动提高自身思想认识和道德水平,以养成良好的体育道德习惯和道德品质的方法和途径,包括体育道德自我修养和体育道德自我管理两部分。

第一,体育道德自我修养,反省与反思。指人们在道德方面进行自我教育和自我锻炼,以及由此而达到一定的程度和水平。

反省。孔子的"见贤思齐焉,见不贤而内自省也"和"吾日三省吾身"都强调内省、自省的重要性。个人对自己的思想和行为进行检查对照,寻找差距和不足的内心道德修养方法就是反省。儿童往往将参与体育活动或比赛的失败归因于外部的诸如技术、场地、环境、对手太强等因素,而很少进行反省。为解决儿童常将体育比赛失败归因于外部因素,而忽视内部因素的问题,将反省作为主要的自我教育方式,在回顾、总结自己行为和思想过程中,通过自我认识、自我剖析、从而客观合理对自己进行自我评价,有效地进行自我监督,提高思想和行为的再认识,方能改变儿童体育竞赛活动中一输再输的局面。

反思。反思是指对以往的思想和行为进行系统的总结和深刻的理性思考。反思不仅涉及主体的主观因素,还与社会、环境的客观因素相联系,分析思想和行为的现实状况及其来龙去脉,不是简单的肯定与否定。反思包含反省,这里就不再详细说明。

第二,体育道德自我管理,自制与自律。指儿童自觉地用体育法律法规、学校体育规章制度、纪律和体育道德规范约束,调节和控制自己的语言和行为。

自制。自制也叫自我控制,需要极强的忍耐力。在体育活动尤其是竞技体育比赛中,儿童受到诸如金钱、荣誉、成功、金牌等外界诱惑,常会出现体育道德失范现象。高度的道德自制能使儿童在体育活动中都能保持正直、正义,能用高度的抵抗力和克己精神使个人摇摆不定,理智地控制自己的感情冲动和外界诱惑,杜绝假球、黑哨等体育越轨行为的产生。

自律。自律是自己对自己的约束,自觉地将自己的体育行为限定在一定的体育道德规范之内,要求主体拥有一定的自我监督意识、监督控制能力和自我行为控制能力,个体自我监督和控制能力的水平取决于自觉性、文化和道德水平,自觉性、文化和道德水平高的人其自律水平高,能够很好地约束自己的言行,能促进体育道德的教化与内化。

4 儿童体育锻炼行为的影响因素

4.1 学生体育锻炼行为影响因素的分类

根据对学生锻炼行为影响因素访谈到的资料进行分析,63 个概念,21 个范畴,5 个类属。

影响学生体育锻炼行为的因素包括学校因素、家庭因素、社区因素、个体因素和政策因素五个类属,体育教师、学校领导的重视、同学陪伴、校内锻炼氛围、学校制度、学校锻炼器材与设施、上课方式、家长的鼓励、家长的体育锻炼行为与意识、家庭锻炼条件、社区锻炼条件、社区锻炼氛围、社区锻炼管理制度、锻炼兴趣、锻炼认知、压力感知、锻炼动机、锻炼需求、健康信息管理、政府号召和官方媒体宣传共 21 个范畴,具体见表 4-1。

表 4-1　学生体育锻炼行为的影响因素

类属	范畴	概念
个体因素	锻炼兴趣 锻炼认知 压力感知 锻炼动机 锻炼需求	钟爱某一体育项目、喜欢运动、锻炼的心理倾向性、享受锻炼、身体健康发展、身心的放松、促进与父母沟通、课余活动时间紧张、课堂任务繁重、自身形态的缺点、理想体型的欲望、想取得较高的课堂成绩、心理需求、道德感的匮乏
社区因素	社区锻炼条件 社区锻炼氛围 社区锻炼管理制度	社区锻炼场所、社区锻炼场地及设施、社区锻炼人数、体育馆组织赛事活动多、社区锻炼场地的开放性、保障设备与器材的完好、保障锻炼场地的干净与整洁

续表

表 4-1　学生体育锻炼行为的影响因素

类属	范畴	概念
学校因素	体育教师 学校重视程度 同学陪伴 校园锻炼氛围 学校制度 学校锻炼器材与设施 上课方式	教学方式适用、体育教师的指导、教师缺乏兴趣的培养、教师的监督、教师的职业素养、训练的规章制度、组织丰富的体育活动、领导鼓励参与体育活动、同学陪伴的重要性、同伴效应的正向性、活动氛围浓厚、锻炼环境下"人云亦云"、学校体育活动的相关制度与要求、保证操场环境干净整洁、践行素质教育理念、锻炼环境差、锻炼器材差、锻炼场地条件差、活动场地空间不足、校内可用的锻炼设施差、开展线上体育课堂、线上体育课程存在弊端
家庭因素	家长的支持 家长的锻炼行为与意识 家庭锻炼条件	家长的支持、家长锻炼行为的监督、家长锻炼意识较弱、父母日常锻炼行为、父母的锻炼意识较高、父母参与锻炼、父母督促、高值耐用体育器材、家中锻炼空间、低值易耗体育器材、家中锻炼器材的重要性
政策因素	健康信息管理 政府号召 官方媒体宣传	倡导个人居家锻炼、新冠肺炎时期不出门、疫情期间锻炼行为受限、促成有效的体育宣传政策、提供优质的体育信息资源、网络直播与视频内容的学习、阅读报纸、杂志上的体育信息

4.1.1 个体因素

4.1.1.1 锻炼兴趣

体育领域中的兴趣泛指通过身体的亲身体验,引领人们去寻求知识、理解事物的一种积极力量,它属于人的个性心理特征[①],可以在一定程度上加深对某个事物的认可程度。培养锻炼兴趣,促使学生正确认识体育锻炼的价值与意义,加强学生体育锻炼的意识,促使体育锻炼行为的发生。

4.1.1.2 锻炼认知

锻炼认知指的是有关体育运动的认知,表现在体育运动中的知觉、记忆和思维。访谈资料显示,运动是一种享受锻炼的过程,可达到身体健康发展、身心的放松、促进与父母沟通等目的。

①刘龙柱.培养高校学生对体育锻炼兴趣的方法研究[J].体育学刊,2000.

4.1.1.3 压力感知

学习压力指的是学生在求学过程中所承受的来自学习的紧张刺激，泛指在生理、心理和社会行为上的一种异常反应。学习压力过大，学生会在生活、学习、情绪、考试上产生不同程度的反应，阻碍学生正常、健康地生活，不利于学生的健康成长。在一定程度上间接地影响到学生的体育锻炼行为，表现为运动量较少、完不成原定的训练计划。例如学生表达"我们作业太多了，就根本没有时间出去参与体育锻炼。""我们班这次总体成绩都不是很好，老师就把我们这个月的体育课都给占了，本来的体育课，被换成了数学课。"

4.1.1.4 锻炼动机

体育锻炼动机是指推动一个人进行活动的心理动因或者内部动力。会引发体育活动的发生，朝向一定目标出发，以满足个体的念头、愿望或者理想等，推动体育锻炼行为发生的直接原因，助力体育锻炼行为的发生。体育锻炼动机与锻炼行为之间有较强的相关性，也就是说体育锻炼动机能够很好地预测体育锻炼行为的发生[1]。很多研究表明，锻炼动机缺乏引发学生不能积极主动参与体育锻炼，锻炼动机与锻炼行为习惯的形成之间有很强的关联性[2]。有的学生在访谈时提及"我对我的锻炼动机很明确，我自身有一定的锻炼计划与目标，所以我也就能一直坚持下来。""我根本不知道为什么要锻炼，有时间的话我更喜欢通过玩手机来进行放松。"从访谈后对资料的仔细分析发现，锻炼动机是指向学生参与体育锻炼的一个因素。

4.1.1.5 锻炼需求

访谈资料中显示"我想要保持好的体型""我进行体育锻炼就是为了

---

① 徐伟.国内外儿童体育锻炼动机和锻炼行为关系综述[J].浙江体育科学,2020(6)：77-81＋106.

② 曹佃省,姜晓蕾.行动计划在儿童行为意向与锻炼行为间的中介效应[J].中国学校卫生,2013(6)：672-674.

减肥""我现在的锻炼就是为了得到更大的肌肉块,就是为了更大、更硬"等都是为了满足自己的需求而选择去参与锻炼。根据自己实际需求和自身实际情况,为了达到某种目的而选择的一种行为。

4.1.2 社区因素

4.1.2.1 社区锻炼条件

国家极力倡导人们积极主动地参与体育锻炼中,并在某些方面给予公民一定的利益,促进全民健康发展。比如在社区中,会加大体育锻炼设施的投放与锻炼场地的提供,对所有公民均处于开放的状态,不具有限制性,为公民参与体育锻炼提供了很大的便捷性。

4.1.2.2 社区锻炼氛围

很多人会选择在离家比较近的锻炼场所进行锻炼,浓厚的锻炼氛围会激发参与其中的热情,致使可积极主动地投入到体育锻炼中。

4.1.2.3 社区锻炼管理制度

在社区中,会有多种制度存在着,在一定程度上约束着人们的行为,但在有效维护着人们的利益最大化与便捷性。有学生提到,社区的锻炼场所中有明显的标志语"爱护锻炼器材""保证锻炼器材的完整性"等,每天会有专门人员进行器材与场地的整理与维护。

4.1.3 学校因素

在国外的研究中,学者对学校环境的阐述并不多,很少有学者对"学校环境"做出精准的定义,大多研究是围绕自然环境和社会环境展开的论述。"健康促进与营养"(Health Promotion and Nutrition;Scotland)的法案中,苏格兰将学校环境定义为:"为学生提供活动场地设施、教育等,促进学生的身体、心理和情感健康发展的环境总和"①。对学生来讲学校是

---

①曹佃省,姜晓蕾.行动计划在儿童行为意向与锻炼行为间的中介效应[J].中国学校卫生,2013(6):672-674.

极其重要的一个环境,包括有生活、学习、各种娱乐活动,学生一整天在学校中度过的时间最长,学校可以提供给学生足够的空间设施、设备、锻炼氛围和监督,在一定程度上促进学生锻炼行为的发生[1][2]。

国内对学校体育环境的定义就比较广泛了,不同学者从各自的角度对其定义有着些许不同,在《学校体育学》中关于"学校体育环境",周登嵩指出:"学校体育环境"是指学校在开展体育活动时所需要的所有条件的汇总,并将学校体育环境归为两类,包括物质环境(学校体育设施等硬件设备)和社会心理环境(学校体育氛围等因素)[3]。这种定义在国内得到很多学者的认可,也被国内大多数学者所沿用。关于学校环境的定义到目前为止并没有被指定,但在大体上包括的主题是一致的。在本研究中的"学校环境"指的是学生的学校体育锻炼环境,研究中将其定义为,在学校大环境下,对学生锻炼行为产生影响的学校环境因素。

4.1.3.1 锻炼器材与设施

学校锻炼条件是影响学生参与身体活动的重要因素,体育场地确保有足够空间,体育器材数量足够,课上体育和课外体育活动就可顺利开展,并且给学生身体锻炼量的保证提供基础性条件。体育器材与设施作为体育活动的物质条件存在,因此,学校要保证体育器材与设施的安置,确保体育活动的顺利开展。

4.1.3.2 学校制度

学校制度通常指能够适应向知识社会转轨及知识社会形成以后的社会发展需要,以完善的学校法人制度和新型的政校关系为基础,以教育观为指导,学校依法民主、自主管理,能够促进学生、教职工、学校、学校所在

---

①SALLIS J F,CONWAY T L,PROCHASKA J J,et al. The association of school environments with youth physical activity[J]. American Journal of Public Health,2001 (4):618-20.

②NEFERTITI D,HARRIS S K,STEPHANIE D,et al. Relation of school environment and policy to adolescent physical activity [J]. Journal of School Health,2010(4):153-159.

③周登嵩.学校体育学[M].北京:人民体育出版社,2004.

社区的协调和可持续发展的一套完整的制度体系。以学校政策规定形式实施的学生体育锻炼措施是促进学生体育锻炼行为的一条确切有效的途径。行为促进的政策应以加强奖赏和激励为主要手段,以使被干预者的目标行为更具主动性。同时,体育类社团对于学生的体育锻炼行为和体质健康水平具有确切的促进作用,是学生健康促进的有效途径①。"我们学校的阳光体育活动,跟最后的学业成绩挂钩,所以我在极力完成这一任务"学校制度体现学校领导的重视,要达到促进学生参与体育锻炼行为,必须加强领导对体育工作的重视,从行为上支持并影响学生,一定程度上加强学生参与体育活动的意识,促进学生锻炼行为的发生。并且学校制度中明确提出"保障操场环境干净整洁""促进学生全面发展",可以从侧面反映出学校在制度上的支持。

4.1.3.3 体育教师

教师在自己的职位上充分展现着自己的专业知识和教学能力,承担着教书育人的责任。而且体育教师必须拥有专业技能水平、教学能力、运动知识和身体活动支持,在教学工作中起到指导、监督、示范的作用。新冠肺炎疫情期间,学生采用网上授课的方式进行学习,教师和学生处于教与学的两端,教师的监督作用受到严重影响,学生的上课接受知识的效率大大下降。教师在学生学习阶段承担着重要的角色,培养了学生的运动兴趣,从而促进学生更多地参与体育活动中。在针对项目进行训练的过程中,在规章制度的背景下体育老师根据学生特点及掌握情况及时提出相应的要求,更好地完成教学任务并合理地达到教学目标。例如:"我的体育老师在课堂上可以教给我很多知识与技能""每次训练老师都会说明明确训练的规章制度""老师在课下常培养我们的运动兴趣"等。在有教师指导的锻炼环境下,学生锻炼行为的参与度大大提高。

4.1.3.4 同学陪伴

在学校,学生的活动与交流主体均倾向于学生之间,在儿童时期,学

---

①张戈,吴洁,钱俊伟.体育社团对大学生体育锻炼行为促进的研究——基于社会生态模式的分析[J].沈阳体育学院学报,2014(1):59-62.

校倾向于在同伴的陪同及影响下参与身体活动,同伴对身体活动的态度与行为也对自身锻炼行为有一定的影响。同学的陪伴在学生阶段表现得尤为明显,表现为常见的"三三两两"结伴而行。同学的是否陪伴决定是否参与体育活动项目,往往会出现一种"你不去吗""好吧,那我也不去了"的现象。

4.1.3.5 锻炼氛围

建设具有浓厚锻炼氛围的环境至关重要,学校体育环境的好坏取决于锻炼氛围的浓厚与否[①],努力建设高素质的体育文明环境。要使学生在体育活动中受到教育、熏陶和约束,逐渐养成良好的体育文明行为和体育文明习惯,培养学生高尚的思想情操。当处在一个体育锻炼氛围浓厚的环境中,锻炼的倾向性比较强烈,表现在锻炼频率的增加上。访谈时学生提到了"锻炼时人多的那种运动氛围,对我的影响力很大"。

4.1.3.6 学校重视程度

有研究通过对数据分析得到,很多学校会组织丰富的体育活动,通过不同途径培养学生的运动兴趣,使学生积极主动地参与体育锻炼中。还有的学校会在校内宣传栏展示多种关于体育锻炼的标语,如"勤锻炼,身体疾病远离你""身体是革命的本钱"等。

4.1.3.7 上课方式

新冠疫情期间,教育部倡导"停课不停教,停课不停学",要求采取线上课程或网络视频的形式继续对学生加强教育。"居家抗疫期间我在线上上课的时候,尤其体育课上,我以敷衍的态度去对待这门课"充分体现了线下在校期间的面授课程的重要性。线下和线上课程各有其利弊,应当充分利用其优点,保证学生对知识的接受程度达到最高。

---

①陶骆定,庞徐薇.高校体育工作面临的问题及基本思路[J].上海体育学报,2001(S1):47-49.

4.1.4 家庭因素

4.1.4.1 家长支持

福禄贝尔说过:"国家的命运与其说是掌握在当权者的手中,倒不如说是掌握在母亲的手中。"极富哲理性的一句话,家长在孩子的成长过程中有着举足轻重的作用,每个阶段父母承担着不同的角色,孩子在健康成长的环境下,需要父母的鼓励、支持、交流、宽容、信任、尊重、榜样等。在家庭中,学生的很多行为受到原生家庭的影响,如学生锻炼行为,父母对学生的体育活动在一定程度上予以鼓励、表扬等,此时的锻炼可能在运动量、成效等方面会有一定提高。

4.1.4.2 家长锻炼行为影响

家庭环境是社会环境的重要组成部分之一,孩子的健康成长离不开父母的正确引导。家长在孩子成长过程的不同阶段发挥着不可缺少的作用,承担着不同的责任,父母的言语及行为对学生养成良好生活习惯至关重要,有着不可替代的作用。中小学阶段,学生受家庭环境影响较大,并且在此阶段会养成一定的习惯,家庭的体育观念决定儿童是否接受体育,是学校体育和社区体育观念渗透的基础。中小学锻炼水平的重要决定因素表现较为突出地体现在家长的锻炼行为和态度支持。访谈资料中"我的父母经常会在家里进行锻炼,而且我爸妈经常鼓励我参与其中"正体现了这一观点。家长在锻炼行为上正向引导和示范,对孩子形成较好的锻炼习惯有较大的意义[①]。还有学生提到"我现在的锻炼行为完全是受到家中父母的影响,因为他们认为多参与锻炼就会有健康的身体,可以说有较高的锻炼意识吧",无疑表明了家长的意识总会在潜意识下影响着孩子的意识。

---

①段佳丽,王观,高爱钰,等.北京市 2014 年中小学生体育锻炼知识态度行为[J].中国学校卫生,2017(3):341-344.

4.1.4.3 家庭锻炼条件

体育实践活动的开展以锻炼器材为先决条件,器材的优越性可充分展现参与体育活动的积极性。锻炼器材与条件作为体育活动的物质条件存在着,决定着参与体育活动的质量。

4.2 学生体育锻炼行为影响的分析

4.2.1 个体因素对学生体育锻炼行为影响的分析

通过质性研究得到个体因素包括锻炼兴趣、锻炼认知、压力感知、锻炼动机和锻炼需求五个范畴。个体锻炼兴趣较高,可以促进学生积极参与体育锻炼,并且有着较强的锻炼认知,可以使学生正确认知体育锻炼,提高学生对体育锻炼的兴趣。每个个体有着不同的锻炼需求,想要通过锻炼得到自己的实际需求。正向的锻炼动机可以促使体育锻炼行为的发生,从而增强学生的体质健康。

在居家与非居家抗疫期间,个体因素对锻炼量的变化有一定的解释力度,可以看出,个体因素作为学生的一项主观因素,从个体出发主导着学生是否参与体育锻炼。在任何时期,不管在什么阶段,学生要充分提升自身的锻炼意识,促使体育锻炼行为的发生。

4.2.2 学校因素对学生体育锻炼行为影响的分析

学校是学生活动的最重要的场所之一,在学校不同身份的人担任着不同的角色。在学校因素中,提取出七个范畴,有体育教师、学校重视程度、同学陪伴、校园锻炼氛围、学校制度、学校锻炼器材与设施、上课方式。通过分析得出,学校因素无论在什么样的背景下都会对学生的锻炼行为产生影响,且影响力在诸多因素中居于上风,有较大的影响力。

体育教师的教学方式决定学生对教学内容的学习过程中的质量,具有吸引力的教学方式可引领学生学习体育知识,激发学生对体育锻炼的兴趣,促进体育锻炼行为的发生。学生阶段的行为受同伴的影响较大,在同伴的作用下,会激发学生的兴趣。校园的锻炼氛围集中反映学校参与体育锻炼的人数,可以看出学生对体育锻炼的参与度较高,并且同时带动更多学生积极参与体育锻炼。学校提供的锻炼器材与设施可以满足学生的锻炼需求,使得体育锻炼得以进行,是进行体育锻炼的基本保障。而且在制度上加以对学生运动量及行为的规定,可以从不同层面上加大学生的锻炼量,使得学生都参与到体育锻炼之中。

4.2.3 行为意向对学生体育锻炼行为影响的分析

在计划行为理论中,研究提出行为意向直接决定锻炼行为的变化,在参与体育锻炼行为的过程中有决定性作用,行为意向被行为态度、主观规范、知觉行为控制显著预测。通过质性与量化的混合研究方法分析,外在环境因素对学生体育锻炼行为有一定的影响,但学校环境因素、家庭因素、社区因素、政策因素、个体因素对学生体育锻炼行为的变化解释力度较小。可以看出最终决定学生体育锻炼行为的因素倾向于行为意向,进一步解释了锻炼行为。行为意向是学生参与体育锻炼行为最主要、最有力的预测变量,在计划行为理论中,行为态度、主观规范、知觉行为控制共同作用于行为意向,在不同性别、学段均对学生体育锻炼行为产生显著性的影响。

但在现实生活与学习的过程中,积极的行为意向并未能成功地转换成有效的锻炼行为,对锻炼行为的解释仍需进一步拓展。

5 儿童体育锻炼行为的培养方法

5.1 个人培养方法

一是加大参与体育锻炼的自信心。提升锻炼的自信心,要注重从体育锻炼心理和行为两部分的协同发展,勇敢地参与体育锻炼,制定自己专属的锻炼目标,一步一步将小目标整合,朝着最终的大目标努力着。并加强与锻炼伙伴的交流,实现锻炼方式与经验的共享,形成良好的锻炼习惯。

二是正确认识体育锻炼。要继续发扬积极参与锻炼的习惯,并将其做到知行合一,提升自身体育锻炼行为,积极与同伴或老师探讨与交流,促进自身锻炼行为的良好发展,发挥体育锻炼的最大益处。

三是持有积极的态度、较强的主观规范和知觉行为控制,促使形成较强的行为意向,将有效的锻炼态度转化为实践上的锻炼行为,从而增加体育锻炼行为的发生,在一定程度上增加体育锻炼量。

5.2 学校培养方法

一是加大学校体育设施的投入。学校要重视锻炼场地的扩充,对体育场馆的建设、足球场地、篮球场地、健身房的改建及整改,加强场地管理制度,进一步保证学生尽可能多地参与锻炼。学校可投入更多、更丰富的锻炼器材,以使学生参与丰富的体育活动,接触更多的体育活动项目,充分了解体育活动,从而达到激发学生锻炼兴趣的目的,促进学生积极参与体育锻炼。

二是提升体育师资水平。学校注重引入多项目人才,合理进行配置并做到有效利用。要求教师不断更新自己的知识领域,结合实践勇于创新,完善教学模式以适应其万变的教学要求。改变传统的上课方式,可以使用线上线下相结合的上课方式,激发学生的学习兴趣。在教学目标的要求下,找到适合学生有效的教学方法。

三是学校领导需要重视体育活动。完善学校制度,明确提出参与体育活动的要求,组织大课间活动、组建体育社团及运动队,宣传栏显示对体育活动的宣传。体育活动不仅能放松身心,而且能增强学生的身体素质,有益于学生在学校大环境下健康成长。支持学校组织丰富的体育活动,提升学生的锻炼兴趣,并不断鼓励学生参与体育活动,营造良好的体育活动氛围。

四是强化同伴效应。同伴效应作为学生时代的一个特点,在参与锻炼方面一定要加强同伴效应的宣传。同学间可以相互鼓励,发挥榜样作用,营造良好的体育活动氛围,引导学生更多地参与体育活动。

5.3　家庭培养方法

5.3.1 突出家长参与初中生课外体育锻炼的重要性

研究结果显示,家长参与对初中生课外体育锻炼行为具有一定的促进作用,鉴于家长参与对学生课外体育锻炼的重要作用,政府要做好加强关于学生课外体育锻炼的正确宣传导向,利用好媒介和传统的传播方式积极引导,强化家长参与的体育意识与观念。在制定关于增强学生体质健康的政策时,要重点突出家长对学生参与课外体育锻炼的重要性,鼓励家长多参与学生的课外体育锻炼。

5.3.2 提高家长参与初中生课外体育锻炼的主动性

研究结果显示,家长在参与初中生课外体育锻炼过程中,参与时间、参与频率和参与强度都表现出明显的不足,造成参与不足的原因多是家长对参与学生课外体育锻炼的主动性不足,缺乏引导。为了提高家长的主动性,可以利用家校结合的方式,学校可以给学生布置一些需要家长参与的体育游戏和体育家庭作业,或者学校组织一些关于亲子类的体育竞赛,都可以有效提高家长参与的主动性,提高家长参与率。

5.3.3 加强家长参与初中生课外体育锻炼的科学性

研究结果显示,不良的家长参与可能会导致学生产生不良的体育锻炼行为,为了避免这种情况,要加强家长参与学生课外体育锻炼的科学性,政府可以利用媒介的传播功能,在媒体上多播放一些关于科学锻炼的体育节目;学校可以构建一套科学的体育家庭作业方案,指导家长严格按照方案上的要求帮助学生完成体育作业;社区可以建立一些社区体育组织机构和培训队伍,定期开展家庭体育指导报告,教授合理、正确的体育锻炼方法,从而提高体育锻炼的科学性。

5.3.4 扩大家长参与初中生课外体育锻炼的广泛性

家长在参与学生课外体育锻炼的过程中,应根据学生的性别差异、兴趣爱好,合理安排家庭体育锻炼形式,采用多种形式的家庭体育健身项目和活动,例如"跑步和健康日""家庭体育健身计划"和"家庭体育竞赛"等活动,以此扩大家长参与的广泛性。

5.4 社会培养方法

5.4.1 媒体宣传

5.4.1.1 媒体在儿童体育锻炼中的角色

媒体作为信息传播的重要渠道,对儿童的行为和观念有着深远的影响。通过媒体宣传,可以有效提高公众对儿童体育锻炼重要性的认识,并激发儿童参与体育活动的兴趣。

5.4.1.2 成功案例分析

例如,澳大利亚的"Life. Be in it."运动通过电视、广播和印刷媒体广泛宣传,成功提高了全国范围内的体育活动参与率。研究显示,这类广泛的宣传活动能够显著改变公众的健康行为。

5.4.1.3 媒体宣传策略

为了更有效地利用媒体宣传,可以采取以下策略:

(1)制作吸引儿童和家长的宣传内容,结合动画、游戏等元素增加趣味性;

(2)利用社交媒体平台,通过互动和分享功能扩大影响范围;

(3)联合名人和体育明星代言,提升活动的公信力和吸引力。

5.4.2 加强社区作用

5.4.2.1 社区在儿童体育锻炼中的重要性

社区作为儿童生活的重要组成部分,具有独特的优势来促进儿童的体育活动。社区的支持和参与可以为儿童提供安全、便捷和多样化的运动机会。

5.4.2.2 社区项目的实施

成功的社区体育项目通常包括以下几个方面:

(1)组织社区体育活动,如定期举办的亲子运动会和社区跑步比赛;

(2)建立社区体育俱乐部,提供专业指导和定期训练;

(3)社区内的学校、非政府组织和体育机构合作,共同推动体育活动的开展。

5.4.2.3 实证研究

研究表明,社区项目能够显著提高儿童的体育参与度。例如,欧美的"Safe Routes to School"项目,通过改善社区基础设施和安全措施,鼓励学生步行或骑自行车上学,显著增加了儿童的日常体力活动量。

5.4.3 提供公共体育设施

5.4.3.1 公共体育设施的现状

公共体育设施的提供是促进儿童体育锻炼的基础。设施的可达性、质量和多样性直接影响了儿童参与体育活动的积极性。

5.4.3.2 优化设施布局

为了更好地服务儿童,可以采取以下措施:

(1)在社区和学校周边建立多功能运动场地和健身设施;

(2)提供适合不同年龄段和兴趣的运动器材;

(3)定期维护和更新设施,确保安全和使用效果。

5.4.3.3 政策支持

政府和地方自治机构应加强对公共体育设施建设的投资和政策支持。例如,英国的"Active Places"计划,通过政府资助和政策引导,显著改善了全国范围内的公共体育设施条件,提高了居民的体育活动参与率。

6 儿童体育锻炼习惯养成的干预策略

6.1 认知—意向—行动—保持

学者在发展认知理论时发现,主体对某社会活动的元信念是决定其投入状态的先行因素[①]。这也就解释了本研究对体育锻炼习惯养成的研究中个人因素始终处在最重要的作用的原因。其他因素也是通过个人的认知、意识来提高个人的体育锻炼习惯水平。个体行为倾向于通过健康行为类型聚在一起形成有意义的健康生活方式,这些生活方式以社会环境为基础[②]。社会环境是通过个人对环境的感知、先验和后验投入到锻炼行为中,也是环境影响了个人对后续的情境线索的处理。

在儿童的体育锻炼习惯养成过程中,首先使儿童对自己的认知清晰、全面,包括生理方面的认知和心理方面的认知;随后在其没有目标参与体育锻炼时使其有对参与体育锻炼的人群(家长、同伴、偶像)有兴趣的倾向;而后在其参与了体育锻炼后对体育锻炼有获得感、满意感和能力知觉感;最后,用各种的情境、情绪线索促使其保持参加体育锻炼行为。当其有退出参与体育锻炼倾向时,在参与中获得的良性的刺激会诱导其继续参与,不参与的惰性会被习惯取代。对于不良的生活方式(例如,肥胖、久坐),本人的意识知觉也会起到作用,促使儿童卷入到参与锻炼的诱导环境中去。

---

①董宝林,毛丽娟.父母自主支持与儿童锻炼坚持性:控制信念、锻炼投入的多重中介[J].天津体育学院学报,2018(1):44-51.

②Cockerham,William C. 2005. "Health Lifestyle Theory and the Convergence of Agency and Structure." Journal of Health and Social Behavior 46(1):51-67.

因此,在实践中应首先使儿童习得一定的体育锻炼科学的知识,认识到体育锻炼对人的身心健康、社会交流和建立良好的生活方式乃至对社会文明的重要作用,树立正确的信念对体育锻炼行为进行评价,例如通过社会引导等方法提高儿童体育素养。其次,是促成对体育锻炼行为正向积极的情感体验获得,如通过增加儿童体育锻炼的次数和参与体育锻炼的同伴、家长、老师等引导,增进儿童参加体育锻炼的依赖感、必要感、赞同感和支持感等。再次,是要多次实践体育需求和体育行为。最后,形成体育锻炼习惯、拥有体育锻炼技能、知识,并且传播体育锻炼行为与他人共同形成健康生活方式。

6.2　锻炼意识的诱导

为促进儿童健康的生活方式行为,干预措施应包括认知行为技能的建立活动,加强健康的生活方式信念,并促进积极的健康行为。对于儿童体育锻炼习惯的干预,对锻炼意识的诱导尤为重要。Job G Godino 等人(2014)对成年人的体育活动的意识开展了研究。研究发现,人们对体育活动的意识与各种社会人口、生物学、行为和心理因素相关。这些因素的影响对于决定个人为什么选择运动或不运动很重要,并可能有助于制定促进体育活动的有效战略[①]。儿童的思维—感觉—行为三角关系提供了强有力的支持。儿童只有在认识到体育和体育活动的功能的正向效应的基础上,才能形成对体育活动的正向的情绪体验,引导内在的体育需求和参与体育锻炼的行为倾向,从而形成统一的完整的情绪反应或意向表达。积极的体育参与态度对体育参与动机产生明显直接正面的影响,体育参与动机是驱动人的体育行为的基本力量。在本书的研究中,运动乐趣、享

---

①Job G Godino,Clare Watkinson,Kirsten Corder, Stephen Sutton, Simon J Griffin &. Esther MF van Sluijs, Awareness of physical activity in healthy middle—aged adults: a cross—sectional study of associations with sociodemographic, biological, behavioural, and psychological factors BMC Public Health. 2014;14;421.

受运动体验、体育锻炼目标满意度、对体育的认知几个因素均能很好地影响体育锻炼习惯的形成。我们在以往的关于习惯的研究中也找到了合理的解释，按照双系统理论的解释，目标系统是体育锻炼行为的一开始的诱导因素，也是体育参与的起点，而后在有了父母的体育意识、同伴的陪伴、老师的指导之后，儿童的参与体育锻炼的态度必然会得到诱导，在这一过程中社会认知理论的自我效能理论和能力知觉理论都会对体育锻炼习惯的形成产生良性促进；当锻炼意识得到了诱导后会有进一步的愉快反应、参与决定、形成参与、运用外部体育资源、建立相应的体育锻炼人际关系、获得运动技能掌握运动技能，取得好的情绪体验，从而形成锻炼的习惯，这一阶段又符合了跨理论模型的平衡点和自我决定理论的理论要义。反过来，各种影响因素都在一定程度上给予体育锻炼习惯的形成助力，形成了环境或情绪线索不断地强化锻炼情景线索和锻炼行为的发生次数，进一步持续促进体育锻炼习惯的养成。

6.3　促进体育锻炼习惯持续的线索提示

我们现代社会中身体活动水平的低下和下降主要是由环境变化造成的。交通和劳动的机械化和自动化，以及缺乏在城市环境中锻炼机会的城市化，减少了我们的日常能量消耗[①]。为了儿童锻炼习惯养成和保持，环境变化也可能是必不可少的。更好地利用非营利性体育设施，学校、政府机关、企事业单位的体育设施应该实现社会资源共享，尽可能地降低收费标准，充分利用好社区体育场地设施、道路两侧、公园、广场等尽可能多地为儿童体育锻炼习惯培养创造有利条件。

翁锡全等(2010)研究表明，在我国城市化高度发展进程中，应重视城

---

①James O. Hill, John C. Peters. 1998. Environmental Contributions to the Obesity Epidemic See all authors and affiliations. [J]. Science. 29 May：Vol. 280，Issue 5368，pp. 1371-1374.

市建筑环境与运动健康促进问题的研究①。近期也有国外研究者通过系统地回顾在身体活动研究领域中社会认知与建成环境的交互作用,发现建成环境与社会认知只在休闲活动的参与中存在交互,认为可以对休闲活动的某些方面进行多层次干预②在研究生活方式与建筑环境相互作用的个体因素的文献中表明,一些行为可能是由线索(如建成环境从而塑造习惯)产生的无意识的习惯过程的结果。

美国麻省理工学院的最新研究发现锻炼者的社交网络对体育锻炼习惯具有重要的影响③。该研究利用跨地区气候模式的外因变化,识别全球社交网络中体育锻炼习惯的社交传播。在对超过 5 年的时间里跑步 3亿 5000 多万公里的 110 万人的日常锻炼行为模式的数据进行分析后发现,体育锻炼习惯是可以通过社交传播的,其传播能力随着朋友之间的相对活动性以及性别的关系改变。不积极的跑步者会对积极的跑步者产生影响,反之不会。男性和女性都会影响男性跑步者,却只有女性会影响其他女性跑步者。因此研究认为考虑了社交传播的干预措施将能够更为有效地传播体育锻炼习惯。另外,对日常习惯强度最为有效的评估或许涉及了对反应时间的测量,例如对接触相关的情境线索的习惯性反应的易得性的测量④。值得注意的是,随着可穿戴技术的发展和包括数以百万计的人的社交网络的数据共享,研究者正在使用有内置加速度计的智能

---

①翁锡全,何晓龙,王香生,林文弢,李东徽. 城市建筑环境对居民身体活动和健康的影响——运动与健康促进研究新领域[J]. 体育科学,2010,30(09):3-11.

②Rhodes R E, Saelens B E, Sauvag—Mar C, 2018. Understanding Physical Activity Through Interactions Between The Built Environment And Social Cognition: A Systematic Review[J]. Sports Medicine, 48:1893-1912.

③Aral, S. , & Nicolaides, C. 2017. Exercise contagion in a global social network. [J]. Nature Communication, 8, 14753.

④Neal DT, Wood W, Labrecque JS, Lally P. 2012. How do habits guide behavior? Perceived and actual triggers of habits in daily life. [J]. +B215 Exp. Soc. Psychol. 48: 492-98.

手机来测量、记录和比较人们体育锻炼的频率、锻炼路径与速度[1][2]。

体育活动往往是儿童生活当中的重要内容，因此城市的体育建成环境和场地设施，对于满足儿童对体育活动的需求已显得十分重要。并且，在现代生活社会中共享单车和健身步道等城市有锻炼线索存在的日常生活细节，也将促进市民更多的锻炼行为。同时，体育部门对儿童聚集地附近的公园、广场、健身步道的建设和体育活动场地设施的增设，也将对儿童体育锻炼习惯的形成产生正向的效果。

体育锻炼习惯的保持过程除了需要线索提示外还需要监测和反馈，这在体育锻炼习惯的影响因素中可能体现在自身锻炼目标完成的满意感和父母、同伴、老师的指导和关注，值得注意的是社会因素方面政府的推广也是参与锻炼儿童尤为关注的，这也是持续的、一致性的线索诱导，在科技发展的今天可穿戴数据记录和手机等移动设备的使用无时不在，又为体育锻炼习惯的监测反馈和社会交往、社会激励有了良性的影响。

6.4　促进社区、学校与家庭体育网络体系的建立

随着社会的发展和科学技术的不断进步，传统的儿童体育生活方式已经发生了逐步的改变，目前的儿童的体育锻炼习惯养成途径已从过去单一较固定的途径转变为多方位、多元化、个性化的方式，根据前文研究所获得的信息，认为体育锻炼习惯的影响因素在家庭、学校、社会三方面均对儿童体育锻炼习惯的养成有着重要的作用。建议在今后的体育锻炼习惯干预中建立家庭、学校、社区一体化的网络体系进一步全方位影响儿童体育锻炼习惯的养成。最终形成课内外一体化的社会、家庭、学校融合

[1]Althoff，T.，Sosi　　，R.，Hicks，J. L.，King，A. C.，Delp，S. L.，& Leskovec，J. 2017. Large－scale physical activity data reveal worldwide activity inequality. [J]. Nature，547(7663)，336-339.

[2]Aral，S.，& Nicolaides，C. 2017. Exercise contagion in a global social network. [J]. Nature Communication，8，14753.

发展的青少年体育生活方式促进体系。社会体育,主要涵盖政府、社会组织对儿童锻炼行为提供场地设施的建成环境、营造良好体育宣传环境、打造大型赛事、促进体育信息的传播;学校体育主要在学校实施,形成学校体育课和体育健身俱乐部互补的学校体育教学环境并且为儿童群体提供锻炼的伙伴和相应的体育知识;家庭体育主要通过亲子体育活动等形式促进父母与子女之间的交流与沟通,家长加强对子女身体发育监控,父母和亲人的更多陪伴和人际交流都能取得良好的效果。通过学校体育与家庭、社会体育的有机结合,形成"立体式"的儿童体育生活方式系统网络,体育锻炼习惯干预在儿童的不同生活环境下、不同年龄阶段的全方位渗透,使得家庭、学校和社会因素相互补充,相得益彰。

社区体育方面:社区是儿童体育的载体和重要基地,是在地缘基础上较为靠近的场域,适宜于开展各类体育活动,在体育活动中人员的复合性和跨年龄性是其引导人们参加的优势。由于城市化建设的不断发展和交通工具的便利,青少年参与体育活动的空间和广度不断加大,社区体育也将逐步从在本社区内开展活动,发展到由社区组织间共同组织开展的各种体育娱乐活动的趋势。

在体育文化传播、体育活动形式等方面,便利的体育活动时间、稳定的场地器材、相对固定的和相近的锻炼群体为社区体育开展提供了必要条件。应用这些条件使社区体育活动成为儿童业余时间参与体育锻炼和体育活动的途径将有助于儿童在潜移默化的日常生活中养成体育锻炼习惯。

在学校体育方面:体育教育和体育运动已经形成了一套通过实践来发展健康生活所必需的价值观、规范和规则的经验,促成了一种从身体和道德的角度来看积极的社会生活方式。体育实践活动对青年一代的健康水平以及他们的社会交往都有积极的影响,甚至影响他们职业和个人生活的成功。

在学校因素中的老师的教学理念、学校体育社团、健康课程都会对学生体育锻炼习惯养成形成较强正向的影响。学生在校时间很长,生活环境单一,因此学校教育对学生的体育意识、体育行为都将会有深远的影响。

学校体育教师应在观念上进一步重视体育对学生作用,加大学校体育教育改革力度,充分调动发挥体育教师在各方面的积极作用;应注重挖掘现有的场地的使用潜力基础上,力争改善和增设场地、设施,给学生更多的锻炼空间和锻炼选择;应注重体育竞赛开展对学生体育锻炼习惯导向性作用,在完成学生体育基本达标测试的同时从各方面为培养学生体育锻炼习惯奠定基础。

在家庭体育方面:Williams研究发现,健康饮食、每晚适当休息、每天进行体育锻炼的孩子体重减轻,感觉更好,在学校的表现也更好。随着社会变迁,家庭代际层次减少,代际关系简化,情感交流减少,人际关系淡薄、祖辈过多参与儿童成长,儿童体育锻炼习惯促进方面目前家庭影响还不充分。

因此,应该逐渐把家庭体育作为家庭生活中的重要内容,使亲子体育活动、家庭体育娱乐活动成为全民体育健身的一道风景线。众多家庭在享受体育健身带来的愉悦和情感交流的同时,素养也不断提升,家庭关系也更和谐、融洽。为了提高儿童参与,父母支持非常重要,而且根据本文的研究结果,年龄越小家庭对儿童体育的重要性越大,家庭体育也是提供儿童安全、愉快的体育活动机会的场所。

儿童不仅是家庭的孩子,也不仅是学校的学生,而应该是整个社会呵护下的个体。体育锻炼习惯的培养必须扩展其方式,使得家庭、学校和社会共同承担起儿童培养的义务,发展儿童体育锻炼行为,从而通过长期的努力促进体育锻炼习惯的形成,实现生活质量的普遍提高。

这一纵向在时间上,从儿童各学段都可以无缝连接;在空间上,以儿童为核心将学校体育场域拓展到家庭体育和社会体育,形成横向发展的三位一体;在形式上,通过分阶段的校内的体育课程和课余时间的体育社团俱乐部,校外的社区儿童活动中心等各种形式的体育竞赛、体验活动以及家庭的父母亲人之间的体育交流活动,以及社会领域的观赛、参赛或周边体验等形式,使体育锻炼形式多样化、内容生活化、效果娱乐化、方法科学化,从而形成综合开放性的系统网络,获得家庭—学校—社区融合发展的体育锻炼习惯促进环境。

7 结　　论

7.1　研究局限与未来展望

7.1.1 研究局限

研究主要探讨学生体育锻炼行为的影响因素,从不同角度分析影响因素,提出其影响路径,进而促进学生体育锻炼行为的发生。但本研究因疫情的影响,调查范围局限在太原地区。而且想要真正了解其变量之间存在的因果关系,只有实验研究的有效力才够高,其哪个因素的改变对结果的影响力最大,只有通过实验研究的验证方可最具效力。本研究仅在理论与实际情况中对锻炼行为进行了解释,研究受时间、经费及研究者本身能力的限制,未作出合理验证,这是本研究的不足之处。

7.1.2 研究展望

混合研究在研究中是一项具有实际价值的研究方法,本研究提出的体育锻炼行为影响因素对其影响因素的确定有一定的借鉴作用,因此往后的研究需要扩充调查范围,研究结果才有一定的代表性;在后续研究中需要重点关注对体育锻炼行为的机制研究,并进行实验性验证,补充相关证据,这是体育锻炼行为研究的一个必要方向。

7.2　对教育政策与实践的启示

第一,完善体育教育课程加强学校体育课程的内容设置和教学质量,引导儿童形成良好的体育锻炼习惯。

第二,提升学校体育设施建设政府和学校应加大对体育场馆和设施的投入,提高学校体育活动的便捷性和吸引力。

第三,增强家庭与社会的体育锻炼支持鼓励家庭共同参与体育活动,提升家长对儿童体育锻炼的重视度和支持力度。

第四,加强体育宣传和教育增加媒体对体育锻炼的正面宣传,提高社会对体育锻炼重要性的认知度。

儿童体育锻炼行为的促进需要政府、学校、家庭和社会多方共同努力。通过系统性的政策制定和有效的实施措施,可以有效提升儿童的体育锻炼积极性,促进其全面健康发展。未来,应继续深入研究影响因素的机制,不断优化教育政策和实践措施,为儿童体育锻炼行为的持续改善提供理论和实践支持。

参考文献

[1]包寒,吴霜,蔡华俭,罗宇.身份认同动机:概念、测量与心理效应[J].心理科学,2019(4):971-977.

[2]蔡玉军,邵斌.问题与策略:我国城市公共体育空间集约化发展模式研究[J].天津体育学院学报,2015(6):467-473.

[3]蔡玉军,周鹏,张本家,等.城市居民公共体育空间感知与体育活动行为的关系[J].成都体育学院学报,2018(4):48-53.

[4]巢乃鹏,马晓菲.自我的分裂:角色扮演网络游戏儿童玩家的自我认同研究[J].新闻大学,2016(2):107-114.

[5]陈福亮,杨剑,季浏.影响超重和肥胖青少年锻炼阶段转变的心理因素研究:基于阶段变化理论[J].武汉体育学院学报,2015(1):96-100.

[6]陈金鳌,殷荣宾,刘加宏,等.不同性别中学生休闲运动参与因素的相关性研究[J].成都体育学院学报,2017(2):113-119.

[7]陈琳.言传身教、价格引导与青年烟酒使用行为——基于中国微观数据的分析[J].青年研究,2016(5):67-75+96.

[8]陈世平,崔鑫.从社会认同理论视角看内外群体偏爱的发展[J].心理与行为研究,2015(3):422-427.

[9]陈章源,於鹏.体育锻炼对学生主观幸福感的影响:同伴关系的中介效应[J].首都体育学院学报,2015(2):165-171.

[10]程晖.朋友支持提升学生有氧体适能的路径:身体活动和自我效能的中介作用[J].体育与科学,2019(4):114-120.

[11]程韵枫,董宝林.锻炼氛围、主观体验对学生余暇体育锻炼的影响[J].天津体育学院学报,2018(2):177-184.

[12]代俊,陈瀚,李菁,等.社会生态学理论视域下影响儿童运动健康行为的因素[J].上海体育学院学报,2017(3):35-41.

[13]代俊,陈瀚.儿童校内身体活动行为促进的社会生态因素及路径[J].
上海体育学院学报,2019(3):85-91.

[14]代俊,陈瀚.社会生态学视角下儿童校外身体活动行为的影响因素研
究[J].首都体育学院学报,2018(4):371-377.

[15]丹豫晋,刘映海.家庭体育支持与儿童体质的关系研究[J].教育理论
与实践,2015(34):30-33.

[16]丁倩,孔令龙,张永欣,等.父母"低头族"与初中生手机成瘾的交叉滞
后分析[J].中国临床心理学杂志,2018(5):952-955.

[17]董宝林,毛丽娟,张欢.社会支持与女学生余暇锻炼:性别角色冲突的
中介效应[J].北京体育大学学报,2018(10):25-31.

[18]董宝林,毛丽娟.锻炼身份认同、内部动机、锻炼承诺与学生锻炼行
为:链式中介模型[J].天津体育学院学报,2020(4):415-422.

[19]董宝林,毛丽娟.父母自主支持与儿童锻炼坚持性:控制信念、锻炼投
入的多重中介[J].天津体育学院学报,2018(1):44-51.

[20]董宝林,张欢,朱乐青,等.健康信念、自我效能感和社会支持对儿童
余暇锻炼的影响[J].山东体育学院学报,2018(5):106-112.

[21]董宝林,张欢.女学生性别角色冲突对锻炼投入的影响[J].天津体育
学院学报,2016(1):82-87.

[22]董宝林,张欢.性别角色、主观锻炼体验、运动承诺与锻炼行为:链式
中介模型[J].天津体育学院学报,2016(5):414-421.

[23]董宝林.健康信念和社会支持对儿童体育锻炼影响的调查分析[J].
体育学刊,2017(3):115-122.

[24]董宝林.我国学生体育锻炼投入:测量、前因与后效[J].天津体育学
院学报,2017(2):176-184.

[25]杜建军,罗琳.儿童锻炼行为促进模型建构与干预策略研究[J].武汉
体育学院学报,2017(3):61-69.

[26]范卉颖,唐炎,张加林,等.我国儿童运动意愿及影响因素研究[J].中
国体育科技,2019(6):35-45.

[27]方杰,张敏强.中介效应的点估计和区间估计:乘积分布法、非参数
Bootstrap 和 MCMC 法[J].心理学报,2012(10):1408-1420.

[28]方敏.锻炼行为生态学模型的理论阐释及展望[J].西安体育学院学报,2010(1):121-124.

[29]房蕊.儿童自主健身行为概念模型的质性研究[J].北京体育大学学报,2013(7):41-46.

[30]冯玉娟,毛志雄,车广伟.学生身体活动行为预测干预模型的构建:自主动机与TPB扩展模型的结合[J].北京体育大学学报,2015(5):72-76.

[31]高岩,王先亮.父母支持、同伴友谊质量对儿童运动动机与投入影响[J].天津体育学院学报,2015(6):480-486.

[32]郜苗,王丽娟.上海市儿童父母亲对孩子参与体力活动的支持度调查[J].成都体育学院学报,2015(6):122-126.

[33]顾思梦,郭本禹,袁逖飞,等.自尊、社会支持在成人依恋与抑郁情绪间的中介效应检验[J].中国临床心理学杂志,2016(1):1-7.

[34]郭苹苹,辛自强.经济态度和行为的代际传递现象及机制[J].心理科学进展,2020(7):1199-1208.

[35]郭正茂,杨剑.体育文化分层对青少年中高强度身体活动的影响——基于社会生态学理论的考察[J].上海体育学院学报,2020(9):64-73.

[36]何安明,惠秋平,刘华山.学生社会支持与孤独感的关系:感恩的中介作用[J].中国临床心理学杂志,2015(1):150-153.

[37]何晓龙,庄洁,朱政,等.影响儿童中高强度体力活动的建成环境因素——基于GIS客观测量的研究[J].体育与科学,2017(1):101-110.

[38]胡月英,唐炎,陈佩杰,等.儿童体育健身评估指标体系构建研究[J].中国体育科技,2019(2):29-36.

[39]胡月英,唐炎,张加林,等.父母因素对青少年中到大强度身体活动的影响研究[J].中国体育科技,2017(3):14-21.

[40]黄志剑.论学生身体自我概念与体育活动参与行为[J].上海体育学院学报,2008(3):45-48.